LES

HONNÊTES FEMMES

DRAME EN CINQ ACTES

PAR

M. ANICET BOURGEOIS

Représenté pour la première fois, à Paris, sur le Théâtre du Vaudeville le 29 juillet 1859.

PRIX : 1 FRANC.

PARIS
A LA LIBRAIRIE THÉATRALE
14, RUE GRAMMONT

1859

LES

HONNÊTES FEMMES

DRAME EN CINQ ACTES

PAR

M. ANICET BOURGEOIS

Représenté pour la première fois, à Paris, sur le Théâtre du Vaudeville le 29 juillet 1859.

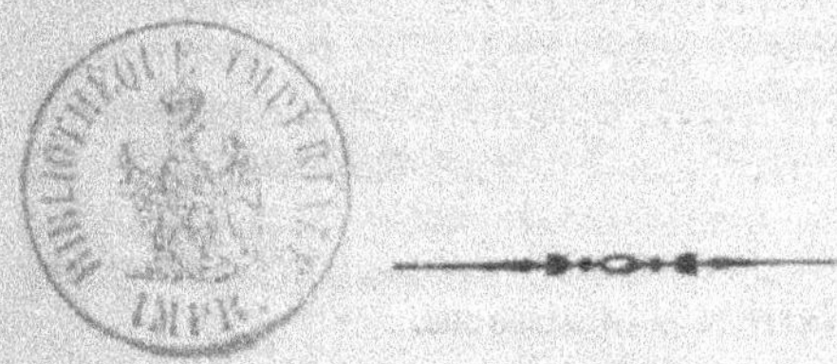

PARIS
A LA LIBRAIRIE THÉATRALE
14, RUE GRAMMONT

1859

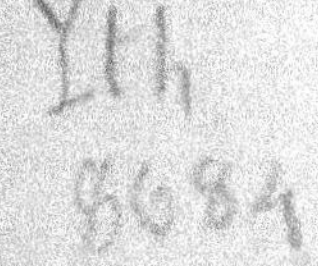

PERSONNAGES

VERNOIS, 1er rôle de genre..................	MM. SAINT-GERMAIN.
GASTON DE GIVRÉ, jeune premier.....	CANDEILH.
BEAUPRÉ, 1er comique................	PARADE.
MORIN..................................	SCHAUB.
GIRAUDOT.............................	NERTANN.
BOCQUILLON...........................	BACHELET.
ANTOINE	ROGER.
Mme DE MILLY, 1er rôle ou mère noble..	Mmes ALEXIS.
JULIETTE, sa fille, jeune 1er rôle......	JEANNE ESLER.
HERMINIE, 1re Dugazon..................	ULRIC.
JEANNE, coquette..........................	BÉRENGÈRE.
MARGUERITE, ingénuité..................	PIERSON.
JUSTINE	ALEXANDRINE.
ANGÉLIQUE..............................	BERTONI.

INVITÉS. — CHASSEURS.

Paris. — Typ. Morris et Comp., 64, rue Amelot.

LES HONNÊTES FEMMES

ACTE PREMIER

Le théâtre représente deux salons se faisant suite, un petit en avant, un grand dans le fond. Canapé à droite et à gauche, cheminée à gauche.

—

SCÈNE PREMIÈRE.

BEAUPRÉ, MORIN, INVITÉS, UN GARÇON.

BEAUPRÉ, entrant; deux Invités assis sur le canapé de gauche; Morin assis sur celui de droite.

Antoine, j'ai ordonné qu'on servît le café et qu'on apportât les cigares dans mon cabinet. Vous ferez débarrasser la salle à manger, qu'on transformera en second salon... on pourra ainsi danser dans les deux pièces. (Antoine sort.)

MORIN.

On ne trompe pas son monde comme ça. Nous ne comptions que sur un petit concert peut-être, après dîner, et voilà que vous nous donnez un bal... un bal, huit jours après la noce!

BEAUPRÉ.

Ça, c'est une idée à moi... Je ne connais rien de plus sot qu'un grande fête donnée le jour du mariage. J'ai invité pour ce soir toutes les amies de ma femme... elle en a tant!... C'est tout simple... une ancienne sous-maîtresse dans le meilleur pensionnat de Paris.

MORIN.

Puis, madame Beaupré est charmante.

BEAUPRÉ.

Vous avez raison, monsieur Morin... charmante, c'est le

mot. Pour être ma femme, Herminie n'en est pas moins une ravissante personne, même à côté de madame Morin, qui est un bouton de rose... à côté de madame Maubert, si élégante, si belle... Enfin, entre nous, je trouve ma femme mieux encore que madame Vernois.

MORIN.

Je suis de votre avis. Pourtant, il faut reconnaitre que madame Vernois a un je ne sais quoi... qui charme, qui attire... puis elle est d'une exquise distinction.

BEAUPRÉ.

Oui, on la trouve distinguée parce qu'elle parle peu, qu'elle est souvent triste et toujours pâle.

MORIN.

Comprenez-vous qu'on l'ait mariée à M. Vernois?

BEAUPRÉ.

Moi, qui, à cinquante ans, épouse une femme qui n'en a pas vingt-deux, je ne peux pas me permettre de...

MORIN.

Enfin, sauf la différence d'âge, mademoiselle Herminie et vous, vous vous conveniez, vous êtes du même monde, tandis que mademoiselle de Milly et monsieur Vernois!

BEAUPRÉ.

Eh bien! monsieur Vernois est jeune, riche et gentil garçon!...

MORIN.

Il est jeune... oui... mais il s'appelle Vernois; il est riche, oui, mais il a été commis de magasin, petit commis; enfin il est bien, mais il a l'air...

BEAUPRÉ.

Il a l'air d'un bourgeois, comme nous.

MORIN.

Mais nous... nous avons épousé des bourgeoises; et puis, vous savez comment le mariage s'est fait?

BEAUPRÉ.

Non.

ANTOINE, rentrant.

Monsieur, le café et les cigares sont prêts.

BEAUPRÉ.

Allez fumer, messieurs, mais dépêchez-vous, car ces dames ne tarderont pas à rentrer.

MORIN.

Ne sont-elles pas allées changer de toilette en sortant de table ?

BEAUPRÉ.

Oui.

UN INVITÉ.

Oh ! alors, nous avons le temps ! (Les Invités sortent.)

ANTOINE, bas à Beaupré.

Monsieur...

BEAUPRÉ.

Qu'est-ce que c'est ?

ANTOINE.

Nous ne pouvons pas ranger la salle à manger, il y a deux de ces messieurs qui sont encore à table.

BEAUPRÉ.

Bah ! qu'est-ce qu'ils y font ?

ANTOINE.

Ils causent ; voyez.

BEAUPRÉ.

C'est ma foi vrai ! (Appelant.) Monsieur Vernois, monsieur Bocquillon, on vous attend.

SCÈNE II.

VERNOIS, BEAUPRÉ, MORIN, BOCQUILLON ; au fond, QUELQUES INVITÉS.

VERNOIS.

Excusez-moi, monsieur Beaupré, j'ai retrouvé dans monsieur Bocquillon un ancien camarade du *Vésuve*, et nous étions en train de remonter... le fleuve de la vie ! (Ils se donnent la main et se séparent. Beaupré conduit M. Bocquillon au fumoir, à droite.)

BEAUPRÉ.

Comment, du Vésuve ?... Vous avez fait ensemble l'ascension ?...

VERNOIS.

Non, *le Vésuve* dont il s'agit était un simple canot qui a été l'origine de ma fortune.

MORIN.

Parbleu! vous allez nous conter cela en fumant.

VERNOIS.

Oh! ce serait trop long; puis, je ne fume pas.

BEAUPRÉ.

Vous, un ancien marin?

VERNOIS.

Oui, mais un nouveau marié qui n'a pas le droit de garder de mauvaises habitudes.

BEAUPRÉ.

Mais je ne fume pas non plus.

MORIN.

Ni moi... Voyons, puisque ces messieurs sont partis et que ces dames ne sont pas revenues.

BEAUPRÉ.

Contez-nous l'histoire du *Vésuve*. (Il s'assied sur le canapé de droite.)

VERNOIS, s'asseyant.

Volontiers. Je suis né à Paris, il y a trente ans environ, de parents sans fortune qui me destinèrent au commerce; à vingt ans, j'étais commis dans la semaine et canotier le dimanche.

MORIN.

Canotier!

VERNOIS.

Oh! mais, canotier de première classe! Bref, *le Vésuve* (c'est le nom du canot dont j'étais l'amiral), *le Vésuve* était la gloire d'Asnières. Un matin, je lis dans le journal l'annonce de régates superbes au Havre. La France et l'Angleterre devaient y lutter de force et d'adresse. Une heure après, le voyage était voté à l'unanimité, et le jour des régates, Anglais, Rouennais, Havrais, marins d'eau douce et salée, étaient battus à plates coutures; nous les avions distancés, nous, les enfants de Paris!

BEAUPRÉ, MORIN.

Bravo!

* Beaupré, Vernois, Morin.

VERNOIS.

Bravo ! c'est ce qu'on criait sur notre passage. Pourtant, le soir, au café, un vieux loup de mer se mit en travers de l'enthousiasme. « Le beau mérite, disait-il, la mer n'était qu'un lac. Ah ! si nous avions eu des vagues... comme on doit en avoir à présent... » En effet, le vent s'était mis à souffler tout à coup et la mer grondait avec fureur. Nous apprenons en même temps qu'un navire est en danger et va sombrer en vue du port. Nous courons à la jetée. Les pilotes se consultaient, et l'avis unanime est qu'il est impossible de sortir par un pareil temps. Je me récrie. « Mais vous ne voyez donc pas les vagues? me dit mon vieux marin. — Eh bien ! quoi, les vagues, on monte dessus, voilà tout ! — Essayez-y. — Tout de suite, répond comme un seul homme l'équipage du *Vésuve*. » Nous prenons une amarre et nous voilà partis. Nous ramions... nous ramions ! Mais tout ce que nous pouvions faire, c'était de ne pas reculer. « Mes petits enfants, dis-je aux camarades, nous n'arriverons jamais comme ça. Il n'y a qu'un moyen de venir à bout de ces grosses vagues-là, c'est de passer au travers. Ce n'est pas l'affaire du canot, c'est la mienne. Tâchez de rentrer; moi, je vous réponds de ma coupe. » Là dessus, je me jette à l'eau, mon amarre autour du corps.

MORIN.

C'était de la folie.

VERNOIS.

Ah ! la besogne était rude, j'en conviens... la fatigue et le froid commençaient à m'engourdir... je ne respirais plus... Enfin, je regrettais fort de n'avoir pas fait mon testament, quand j'aperçois une corde flottant à une brasse de moi. On m'avait vu du navire en détresse et on m'avait jeté ce câble de salut... Je le saisis, je m'y cramponne... on me hisse à bord, et...

MORIN.

Et...

VERNOIS.

Comme une politesse en vaut une autre, j'offre mon amarre... et... et... bonsoir la compagnie... plus personne ! Quand je revins à moi, le navire était doucement installé dans le port... et j'étais couché dans un hamac. Vous avez le temps, n'est-ce pas?

BEAUPRÉ.

Oui, oui... ces messieurs fument et ces dames s'habillent. Allez!

MORIN.

Vous étiez donc dans un hamac...

VERNOIS.

Oui, et près de moi... se tenait l'armateur du bâtiment que j'avais sauvé. Il m'offrit son amitié d'abord, puis un emploi dans sa maison de commerce de la Nouvelle-Orléans; j'acceptai tout. De commis, je devins bien vite associé; et au bout de dix ans, j'étais millionnaire. (Il se lève.) Voilà comment *le Vésuve* a été la cause de ma fortune, et par suite de mon bonheur. En revenant riche en France, je n'eus bientôt plus qu'une idée : partager cette fortune avec quelqu'un. Avec qui?... je n'avais plus de parents... Avec une femme; mais ça n'était pas facile à trouver. Vous savez, la nature aime les contrastes!

BEAUPRÉ.

C'est vrai.

VERNOIS.

Ce que je rêvais, ça n'était pas une belle marchande, un peu rustique, comme moi; non, c'était la grâce, l'élégance, la distinction. Enfin tout ce que je n'ai pas. Un jour, dans le fond de la Bourgogne, je rencontrai mon idéal, un ange, une sylphide. Je devins amoureux à perdre la raison. Après tout, cette jeune fille pouvait appartenir à une famille modeste, et, grâce à ma fortune, je me flattais de... Je m'informe et j'apprends que cette charmante personne est presque riche et qu'elle est la fille de M. le comte de Milly. Demander en mariage la fille d'un comte, moi, avec mon teint brûlé par le soleil, mes mains durcies par le travail et une généalogie qui s'arrête à mon grand-père, qui était bonnetier... C'était fou, c'était absurde. Ce fut pourtant ce que j'osai faire; oui, je ne pouvais plus vivre avec un espoir insensé, ridicule, si vous le voulez, mais enfin avec un espoir.

* Beaupré, Vernois, Morin.

Je préférais un refus qui eût fait de moi un malheureux, mais qui m'eût peut-être guéri de ma folie.

BEAUPRÉ.

Eh bien?

VERNOIS.

Eh bien! il se trouva que M. de Milly me connaissait de réputation; nos propriétés étaient voisines, son notaire lui avait parlé de moi. M. de Milly vivait retiré depuis seize ans dans sa terre avec la comtesse sa femme; Juliette, leur fille, avait été élevée dans un pensionnat à Paris, y était restée fort tard et venait seulement d'en sortir.—En conséquence, sa main n'avait pas encore été demandée, je n'avais donc pas de rival; de plus, le comte, sentant les atteintes de la maladie qui devait le tuer, voulait assurer le sort de sa fille, et comme s'il avait craint d'être surpris par la mort, il pressa si bien le mariage que cinq semaines après ma première visite au château, Juliette de Milly était ma femme. Je n'ai pas besoin de vous peindre ma joie, de vous dire mon bonheur; vous connaissez ma Juliette.

BEAUPRÉ.

Certes, madame Vernois est une délicieuse personne; c'est ce que je disais tout à l'heure à ces messieurs. Ma femme, qui l'a eue pour élève et surtout pour amie, ne tarit pas d'éloges sur son compte et sur celui de madame de Milly.

VERNOIS.

Ma belle maman!... c'est bien la plus digne femme! Pas de morgue, pas de fierté, une douceur angélique; on dirait qu'elle m'est reconnaissante des soins, du respect, de l'amitié que j'ai pour elle. Et puis, quelle excellente mère! Comme elle aime sa fille.

MORIN.

Elle en a été séparée si longtemps!

VERNOIS.

C'est vrai, et c'est étrange aussi... n'avoir qu'un enfant, l'adorer et la tenir éloignée de soi, ne la rappeler qu'au moment de la marier... Je n'ai jamais pu m'expliquer ça.

MORIN.

J'entends le bruit d'une robe.

BEAUPRÉ.

Voici les danseuses qui arrivent, mon cher monsieur Vernois ; venez donc m'aider à arracher ces messieurs du fumoir. Il me faut des danseurs à présent.

VERNOIS.

Allons les enlever, mon cher monsieur.

MORIN.

Ce ne sera pas facile.

BEAUPRÉ.

Allons. (Ils sortent.)

SCÈNE III.

MARGUERITE, MORIN, entrant vivement par la gauche.

MARGUERITE.

Ah! te voilà. Je te cherchais, mon ami.

MORIN.

Eh! bon Dieu! chère petite femme, quel air agité!

MARGUERITE.

Tu ne sais donc pas ce qui arrive?

MORIN.

Non.

MARGUERITE.

Au lieu d'une simple soirée, c'est un bal qu'Herminie donne ce soir.

MORIN.

Eh bien?

MARGUERITE.

Eh bien... ne sachant pas cela, j'ai mis une robe montante, moi.

MORIN.

Tu feras comme tes amies qui ont dîné ici, tu iras mettre une autre robe.

MARGUERITE.

Une autre?... J'ai fait tout exprès celle-ci, qui m'a déjà coûté bien cher, et je n'en ai pas d'autre.

MORIN.

Comment?

MARGUERITE.

Oh ! je ne m'en plains pas, mon ami ; je sais bien que nous ne sommes pas riches et que je dois agir en conséquence.

MORIN.

On n'a pas besoin d'être riche pour avoir une robe de bal... quelques mètres de tarlatane...

MARGUERITE.

Quelques mètres?... Beaucoup de mètres, d'abord ; puis, des rubans à n'en plus finir, tout cela coûte cher. Et tu oublies que tu as été obligé de te faire faire un habit neuf le mois dernier.

MORIN.

Moi, ce n'est pas toi.

MARGUERITE.

Non ; mais toi, c'est nous ; et comme il faut, dans l'intérêt de ton avenir, que tu puisses paraître convenablement chez ton chef de bureau, chez les administrateurs, il faut en revanche que moi, qui n'ai pas les mêmes raisons... je me prive un peu. En faisant bonne figure dans le monde, tu te crées des relations, des sympathies, des protections qui te feront arriver plus tôt. Et quand tu seras chef de bureau, à ton tour, qui est-ce qui te coûtera le double, le triple?

MORIN.

Qui?

MARGUERITE.

Qui, monsieur?... Vous le savez bien. C'est cette petite égoïste de madame Morin, qui veut que son mari soit bien beau, bien séduisant dans le présent, afin de pouvoir briller dans l'avenir. Veux-tu que je te le dise, ta madame Morin c'est l'ambition en personne ; et tu vas la mener rêver de dentelles et de diamants.

MORIN.

Attends au moins que tu sois sûre... Peut-être ces dames sont-elles allées seulement se recoiffer.

MARGUERITE, désignant la cantonade.

Exemple. Vois, Herminie et Juliette... décolletées... avec des fleurs dans les cheveux.

SCÈNE IV.

LES MÊMES, HERMINIE, JULIETTE,* MARGUERITE, MORIN.

HERMINIE.

Ah! te voilà déjà revenue. (La regardant.) Comment! tu n'es pas encore prête?

MARGUERITE.

Je... je cherchais mon mari, qui causait avec M. Beaupré; il lui faisait ses compliments.

MORIN.

Les plus sincères.

HERMINIE, avec ironie.

Vous êtes bien bon!... (Apercevant Jeanne qui paraît au fond, en toilette de bal.) Ah! voici encore une métamorphose.

MARGUERITE, bas à Morin.

Tu vois, Jeanne aussi.

JEANNE.

Ah! j'espère que je ne me suis pas fait attendre.

HERMINIE.

Tu es charmante... (Se retournant brusquement vers Marguerite.) Ah ça! tu iras donc t'habiller demain, toi?

MARGUERITE, faisant un signe à son mari.**

Eugène, va me faire avancer une voiture.

MORIN.

A l'instant. (Il sort.)

SCÈNE V.

JULIETTE, JEANNE, MARGUERITE, HERMINIE.

HERMINIE, après avoir regardé autour d'elle. A Jeanne.

Eh bien? et ton mari?

* Juliette, Herminie, Marguerite, Morin.
** Juliette, Jeanne, Herminie, Marguerite.

JEANNE.

Mon mari?

HERMINIE.

Où est-il donc?

JEANNE.

Il a daigné assister au dîner, il m'a fait la grâce de me ramener chez moi quand je suis allée m'habiller et il m'a presque donné l'espérance qu'il viendrait me chercher; mais je m'empresse de déclarer que je n'y compte pas du tout.

HERMINIE.

Il a donc en ce moment des affaires bien urgentes...

JEANNE, avec ironie.

Oh! des plus urgentes. Figure-toi qu'il est obligé d'aller tous les jours à son cercle, depuis sept heures du soir jusqu'à trois heures du matin.

HERMINIE.

Il est forcé?

JEANNE.

Forcé.

HERMINIE.

Par quoi?

JEANNE.

Par l'habitude qu'il en a prise dès l'âge le plus tendre.

HERMINIE.

Mais quel plaisir peut-on trouver?...

JEANNE.

Je reconnais avec toi que c'est un bonheur purement négatif. Car ce plaisir consiste avant tout, non pas à faire telle ou telle chose, mais à ne pas faire telle ou telle autre; à ne pas aller dans le monde, à ne pas s'habiller, à ne pas être contraint de causer, d'être aimable, de se déranger, de se remuer. Enfin, le cercle est le palais du sans-gêne et de l'égoïsme, et mon cher mari en est le président.

JULIETTE.

De sorte qu'il te laisse seule?

JEANNE.

Il me donne continuellement cette preuve de confiance.

MARGUERITE.

Et tu vas dans le monde sans lui?

JEANNE.

Avec la cervelle un peu romanesque dont je suis affligée, la solitude serait mon ennemi le plus terrible... aussi je suis de tous les bals, de toutes les fêtes; mais il est temps, ma chère Herminie, que je te félicite de ton mariage... monsieur Beaupré m'a paru...

HERMINIE, elle se lève.

Bien laid, n'est-ce pas?

JEANNE, levée.

Il est certain qu'il n'est pas beau, mais...

HERMINIE.

En revanche, il n'est pas jeune.

JEANNE.

Oh! tu sais, la jeunesse...

HERMINIE.*

Ça passe, oui, merci... (Elle lui serre la main.)

MARGUERITE.

Enfin il est riche... et...

HERMINIE.

Riche?... Dix mille francs de rente, tout au plus. Mais ce fut précisément le chiffre modeste de sa fortune qui me séduisit.

JEANNE.

J'avoue que je ne comprends pas bien.

HERMINIE.

Rien de plus simple, pourtant: un monsieur qui a trois cent mille livres de rente tombe amoureux d'une jeune fille sans dot; il l'épouse; le beau mérite! quel sacrifice fait-il? Aucun; c'est un luxe qu'il se donne, une fantaisie qu'il se passe, et il n'en est ni plus riche, ni plus pauvre. Tandis qu'un homme qui n'a que dix mille francs de rente et qui a pris l'habitude de les dépenser pour lui seul, le jour où il épouse une femme pauvre, il fait un sacrifice réel, il diminue sa fortune de moitié, et M. Beaupré était dans ce cas-là. Il y avait bien toujours la question d'âge... mais bah! j'avais, pour tout avoir, un trousseau de mille écus, et qu'est-ce que vous voulez qu'on ait pour ce prix-là? Puis, ce diable d'homme me prenait à son insu, par mon côté

* Juliette, Marguerite, Herminie, Jeanne.

faible. Il me donnait la preuve de confiance la plus éloquente en remettant à ma jeunesse le dépôt de son honneur en cheveux gris! Et un dépôt, c'est sacré... Enfin, c'était un mari; et j'ai fait un mariage à la mode, puisque ce n'est pas un mariage d'inclination.

MARGUERITE.

Ah! tu me permettras de protester pour mon compte... j'ai fait un mariage d'inclination, moi; (Jeanne et Herminie rient.) oui, mesdemoiselles, purement d'inclination. J'avais une dot qui aurait tenu dans le creux de la main; mon mari, une modeste place dans un chemin de fer; et tout le monde nous disait que nous faisions une folie; mais nous nous aimions, et cette folie nous l'avons faite. Oh! nous ne nous en repentons pas... nous n'avons pas, j'en conviens, les plaisirs que le monde fait payer, mais nous avons le bonheur que Dieu donne pour rien. Le bonheur, c'est l'amour dans son ménage... Qu'est-ce que tu as donc, Juliette?

JULIETTE*.

Moi, rien, chère amie, rien.

JEANNE.

Si, à table tu avais déjà l'air tout triste.

HERMINIE.

Oh! vous savez que notre Juliette n'est jamais bien gaie.

JEANNE.

En effet, et l'on dirait que c'est une maladie de famille, car madame de Milly...

HERMINIE.

Tiens, cela me fait penser que ta mère m'a formellement promis de venir ce soir, ne fût-ce qu'un instant, et je ne la vois pas... J'espère qu'elle ne va pas nous manquer de parole.

JULIETTE.

Je m'étonne que ma mère t'ait fait cette promesse et je doute fort qu'elle la tienne... il ne faut pas lui en vouloir. Bien avant la mort de mon père, elle avait complétement renoncé au monde: elle est d'ailleurs très-occupée en ce moment par un procès, puis par ses préparatifs de départ;

* Marguerite, Juliette, Herminie, Jeanne.

elle va venir passer l'été avec nous dans une terre de monsieur Vernois.

HERMINIE.

Raison de plus pour ne pas nous quitter sans nous dire adieu. Et, puisque tu me fais pressentir une trahison, je vais envoyer M. Beaupré en personne. (Appelant.) Monsieur Beau...

JULIETTE.

Oh! ne le dérange pas, je t'en supplie; d'ailleurs, une seule personne pourrait décider ma mère, c'est mon mari. Il fait d'elle tout ce qu'il veut.

HERMINIE.

Alors, je vais m'adresser à M. Vernois... Ah! le voici justement. (Elle remonte, et trouve Vernois sortant du fumoir de droite.)

SCÈNE VI.

LES MÊMES, VERNOIS, puis MORIN.

VERNOIS.

Tant qu'il y aura des cigares là-bas!...

HERMINIE.

Monsieur Vernois?

VERNOIS.

Madame?

HERMINIE.

Je vais vous prier de vouloir bien vous mettre à mes ordres sur-le-champ.

VERNOIS.

J'attends, madame.

HERMINIE.

Il s'agit d'une mission qui exige à la fois de l'adresse et de l'énergie, et c'est pour cela que je vous ai choisi.

VERNOIS, lui offrant le bras.

Oh! oh! vous me faites peur. (Il cause bas avec Herminie en marchant.)

MARGUERITE, apercevant Morin venant du fond.

Ah! Eh bien! mon ami?

MORIN.

Pas une citadine!... et une pluie battante!...

MARGUERITE, *avec joie.*

Alors, je vais être obligée de...

VERNOIS.

Je puis vous offrir deux places dans ma voiture, madame.

MARGUERITE, *contrariée.*

En vérité, monsieur, nous craindrions...

HERMINIE.

Elle accepte, monsieur Vernois! Et vous, tâchez d'être éloquent.

VERNOIS, riant.

Alors, il s'agit de sortir de mes habitudes... je vais essayer. (Il offre son bras à Marguerite et sort avec elle, suivi de Morin.)

SCÈNE VII

HERMINIE, JULIETTE, JEANNE, assise.

HERMINIE, à Juliette, assise sur le canapé de droite.

Il est très-bien, ton mari.

JEANNE.

Il a une rondeur, une franchise....

HERMINIE.

Il a surtout une gaieté...

JULIETTE.

Oui... il est très-gai.

JEANNE.

Et sans doute plus casanier que monsieur Maubert.

JULIETTE.

Il ne me quitte jamais.

HERMINIE, s'assied sur une chaise près de Juliette.*

Tu dis cela comme si tu en étais fâchée.

JULIETTE, se remettant.

Moi? nullement; mais, tu sais, on aime parfois à être seule, et dans ces moments-là, la présence de quelqu'un, d'une personne gaie, surtout, qui vous force pour ainsi dire à sourire quand on n'en a pas envie... c'est... c'est une contrainte qui, renouvelée souvent...

HERMINIE.

Oui, ça donne sur les nerfs.

* Herminie, Juliette, Jeanne.

JEANNE.

Dis donc, Juliette, quand tu as épousé monsieur Vernois, est-ce que tu l'aimais ?

JULIETTE.

J'avais pour lui... beaucoup d'estime. Je ne pouvais nier qu'il eût un heureux caractère, un cœur loyal et généreux. Et quand mon père, qui sentait déjà sa mort prochaine, m'a suppliée d'accepter monsieur Vernois pour époux, je n'ai pas trouvé d'objections à lui faire.

JEANNE.

Tu n'as pas trouvé d'objections? Tu en as donc cherché?

JULIETTE.

Pourquoi me dis-tu cela?

JEANNE.

Oh! rien... un souvenir qui me passait par la tête... Tu sais, le frère de Léontine, Gaston de Givré...

JULIETTE, *tressaillant ; elle se lève et Herminie aussi ; Jeanne seule reste sur le divan.*

Monsieur de Givré!... Eh bien?

JEANNE.

Eh bien! il te faisait les doux yeux, au parloir, et nous étions toutes convaincues que tu serais sa femme. (*A Herminie. Elle se lève.*) N'est-ce pas?... Pourquoi ne l'as-tu pas épousé?

JULIETTE.

Monsieur de Givré ne m'a jamais aimée.

JEANNE.

Oh! ça...

JULIETTE.

Monsieur de Givré est parti brusquement pour un long voyage, il n'a jamais donné de ses nouvelles à ma famille, et c'est, je crois, la meilleure preuve.

JEANNE.

Ce que tu me dis là m'étonne bien. Entre nous, est-ce que toi tu ne l'aimais pas un peu?

JULIETTE.

Moi?... Je serais bien à plaindre, si je l'avais aimé... puisque lui ne m'aimait pas.

HERMINIE, *après avoir échangé un regard avec Jeanne.*

Nous nous sommes trompées, n'en parlons plus.

SCÈNE VIII.

LES MÊMES, VERNOIS, BEAUPRE et MADAME DE MILLY.

HERMINIE, remontant au fond.

Comment, seul? Vous n'avez donc pas réussi?

VERNOIS, montrant madame de Milly, qui entre au bras de Beaupré. *

Voici ma réponse.

HERMINIE.

Ah! madame, je ne puis vous dire combien je suis heureuse de vous voir, d'autant plus heureuse que Juliette m'avait fait craindre un instant...

VERNOIS.

Et votre crainte n'était pas sans fondement; mais je suis venu, j'ai parlé et j'ai vaincu.

HERMINIE.

Savez-vous qu'à la place de Juliette je serais presque jalouse d'un pareil empire?

VERNOIS, avec un fond de tristesse.

Oh! ce serait plutôt à moi d'être jaloux, car si j'ai quelque influence sur madame de Milly, elle a pris en revanche une si grande part du cœur de sa fille, qu'il me semble parfois qu'il n'en reste plus assez pour moi.

MADAME DE MILLY, assise sur le canapé de droite.

Vous me flattez, monsieur, et vous êtes injuste envers votre femme.

VERNOIS.

C'est vrai... Mais je l'aime, et c'est là mon excuse.

BEAUPRÉ, qui était remonté.

Mesdames, on n'attend plus que vous pour ouvrir le bal...

HERMINIE, au fond.

Ah! mon Dieu! et Marguerite qui n'est pas là pour notre premier quadrille. (A Morin, qui rentre.) Eh bien! et votre femme?...

MORIN, arrivant par le fond.

Elle m'a chargé de vous présenter ses excuses et ses regrets, elle s'est sentie tellement souffrante...

* Herminie, Vernois, Mme de Milly, Beaupré, Jeanne.

HERMINIE.

Comment, elle qui se portait si bien, il n'y a qu'un moment... Mais c'est impossible !...

MORIN.

Une migraine subite.

HERMINIE.

Ah! que je suis donc contrariée!... Enfin, il faut bien en prendre son parti!... Allons, mesdames. (Musique de quadrille dans la coulisse, qui continue jusqu'au mouvement de valse indiqué plus loin. — Morin offre la main à Hermine. D'autres cavaliers s'emparent de Jeanne et de Juliette, et sortent suivis de madame de Milly.)

SCÈNE IX.

BEAUPRÉ, GIRAUDOT, VERNOIS. Pendant que les danseurs remontent vers le second salon, Giraudot paraît à droite suivi d'Antoine; il lui donne son paletot.

GIRAUDOT.

Merci, mon ami, il est inutile de m'annoncer.

BEAUPRÉ, se retournant à sa voix.

Giraudot!... Ah! vous voilà, enfin! ce n'est pas malheureux!

VERNOIS.

Giraudot!

GIRAUDOT.

Mon cher Beaupré... Tiens! l'ami Vernois!... Il y a des siècles que je ne t'ai vu! Je te croyais encore à la Nouvelle-Orléans; tu vas bien?... Mon cher Beaupré, j'ai mille pardons à vous demander, quoiqu'en vérité je sois moins coupable que... Je m'apprêtais à venir dîner avec vous, quand une belle dame qui daigne avoir quelques bontés pour moi, m'a fait savoir qu'elle était parvenue à se soustraire à un grand repas, où son mari est allé sans elle. Vous comprenez que je ne pouvais pas laisser dîner cette pauvre femme toute seule.

BEAUPRÉ.

Soit; mais votre place est restée vacante à table... Vous auriez pu m'écrire un mot.

GIRAUDOT.

J'y ai bien pensé, mais il était déjà six heures. Or, demeurant rue Pigalle, et mon Ariane, rue du Dragon, 19... Vous comprenez...

BEAUPRÉ.

Rue du Dragon, 19... mais il n'y a qu'un seul locataire qui occupe cet hôtel... Monsieur Bocquillon, mon ami Bocquillon.

GIRAUDOT.

En effet... Allons, bon!... voilà que j'ai divulgué le nom de...

BEAUPRÉ, lui saisissant le bras, bas et vivement.

Silence, malheureux!

GIRAUDOT.

Qu'est-ce qui vous prend donc?

BEAUPRÉ.

Regardez. (Il désigne Bocquillon, qui rentre par le fumoir de droite.)

GIRAUDOT.

Lui!... Bah! c'est ici qu'il dinait... (Il remonte et va saluer Bocquillon.)

BOCQUILLON.

Eh! c'est ce cher Giraudot!

GIRAUDOT.

Moi-même. Madame Bocquillon va bien?

BOCQUILLON, dans le fond.

Comme ça, un peu souffrante.

GIRAUDOT.

En vérité?... Ça n'a rien de grave?

BOCQUILLON.

Je l'espère.

GIRAUDOT.

Moi aussi. (Il quitte Bocquillon, qui disparait par le fond, et il redescend en scène.)

BEAUPRÉ.

A-t-il un aplomb!

GIRAUDOT, bas.

Messieurs, je ne vous ferai pas l'injure de vous recommander une discrétion...

VERNOIS.

Dont tu nous as donné un si bel exemple.

GIRAUDOT.

Je vous jure que c'est pure distraction.

BEAUPRÉ.

Dites donc, Giraudot, quand vous voudrez?

GIRAUDOT.

Quand je voudrai? quoi ?

BEAUPRÉ.

Voilà un quart d'heure que vous faites la roue, et vous n'avez oublié qu'une seule chose?

GIRAUDOT.

Laquelle?

BEAUPRÉ.

Mais de me faire votre compliment.

GIRAUDOT.

Ah! c'est juste! votre mariage!... une jeune fille charmante... (Lui serrant la main.) Je prends bien part, cher ami, je prends bien part...

BEAUPRÉ.

C'est heureux! (Voyant entrer Antoine.) C'est le glacier qui est arrivé. Je vous demande pardon, mais un maître de maison ne s'appartient pas.

SCÈNE X.

VERNOIS, GIRAUDOT.

VERNOIS.

Ah çà! qu'est-ce que que ça signifie?

GIRAUDOT.

Quoi donc ?

VERNOIS.

Cet air lugubre avec lequel tu viens de dire à monsieur Beaupré : Je prends bien part... Est-ce que tu aurais des raisons particulières ?

GIRAUDOT.

Particulières?... aucune. Mais quand je vois un mariage... Je peux bien te dire cela, à toi, un célibataire; car tu es toujours célibataire, n'est-ce pas?

VERNOIS.

Mais...

GIRAUDOT, s'asseyant sur le canapé de droite.

Et que tu as bien raison!... Je dis donc que je ne peux pas voir un mariage sans en avoir le cœur navré. Penser qu'un homme libre, heureux, sans soucis, va aliéner à tout jamais sa liberté, son repos, son bonheur, et que si, par hasard, il n'est pas malheureux, à coup sûr il sera... ridicule. Molière se servait d'un autre mot, mais je pense que tu m'as compris.

VERNOIS.

Compris, oui... mais approuvé, non.

GIRAUDOT.

Ah çà! est-ce que tu serais de ceux qui croient à la vertu des femmes?

VERNOIS.

J'avoue que j'ai encore cette faiblesse.

GIRAUDOT.

Qu'il y ait d'honnêtes filles, j'y consens, mais d'honnêtes femmes, je proteste.

VERNOIS.

Il se peut que tu aies eu la main malheureuse; mais ce n'est pas une raison...

GIRAUDOT, il se lève.

Eh! mon ami, si tu savais le nombre d'expériences que j'ai faites, si je te disais toutes les aventures qui me sont arrivées... J'en suis honteux, ma parole d'honneur... En Bourgogne, surtout! En voilà un de pays!... Je pourrais te citer cent histoires plus comiques les unes que les autres, sans compter les drames!

VERNOIS.

En vérité, tu me confonds : ces drames dont tu me parles ont dû faire du bruit. J'ai habité quelque temps la Bourgogne, et jamais je n'ai entendu parler...

GIRAUDOT.

Tu n'as jamais entendu parler de l'affaire Durand, à Chaumont?

VERNOIS.

En effet, en voilà une...

GIRAUDOT.

Et aux environs de Dijon, ce fameux duel au clair de lune dans un parc, la femme enfermée, prisonnière sur son balcon, criant à son amant de s'enfuir, puis suppliant son mari de ne pas le tuer sous ses yeux ! Comment, tu ne connais pas ça ?... Au fait, l'histoire est déjà ancienne ; il y a de cela quelque vingt ans, puis elle a été tenue secrète. Un garde-chasse et un jardinier ont été les seuls témoins de la chose.

VERNOIS.

Tu n'as jamais connu cette dame ?

GIRAUDOT.

Si, il y a dix-huit mois on m'a présenté à elle ; oh ! la douleur l'avait terriblement frappée ; le souvenir de ce visage pâle, atterré, m'a poursuivi longtemps. Il s'agissait d'un certain capitaine Lambert, qui avait obtenu un rendez-vous de madame... (Madame de Milly paraît au fond.)

VERNOIS.

De madame ?

GIRAUDOT, toussant et lui faisant des signes.

Ah ! mon Dieu, mon ami !....

VERNOIS.

Qu'est-ce donc ?

GIRAUDOT, bas.

C'est elle !...

VERNOIS.

Elle ? Je ne vois personne que madame de Milly.

GIRAUDOT, bas.

C'est bien assez.

VERNOIS.

Quoi !

GIRAUDOT.

L'héroïne de ce drame d'autrefois !

VERNOIS.

Eh bien !

GIRAUDOT.

C'était madame de Milly.

VERNOIS.

Elle ! c'est impossible.

GIRAUDOT, saluant madame de Milly.

Madame.

MADAME DE MILLY. *

Votre femme vous cherche, monsieur Vernois.

* Madame de Milly, Giraudot, Vernois.

GIRAUDOT, qui est remonté un peu au fond à droite.

Comment, il est marié ?

VERNOIS.

Ma femme!

MADAME DE MILLY.

Ma fille est un peu fatiguée...

GIRAUDOT.

Sa fille!... (A part, sortant par le fumoir à droite.) Pourquoi diable ai-je été réveiller cette histoire?

SCÈNE XI.

VERNOIS, MADAME DE MILLY.

VERNOIS, à lui-même, en se promenant avec agitation.

Oh! c'est impossible! c'est un mensonge, une calomnie infâme. (Appelant Giraudot.) Ah! il n'est plus là. J'aurais dû le retenir, le mettre en face de vous, pour que, d'un mot, vous pussiez le confondre.

MADAME DE MILLY.

Mais de quoi s'agit-il donc, monsieur ?

VERNOIS.

Une histoire absurde, impossible, un rendez-vous nocturne avec un certain capitaine Lambert, un duel, un amant tué par un mari, que sais-je, moi? Du reste, je vais vous amener le calomniateur, le jeter à vos pieds, là, devant tous...

MADAME DE MILLY, vivement.

Arrêtez!..

VERNOIS.

N'avez-vous pas entendu ce que je viens de vous dire?... Monsieur Giraudot a mis en doute... bien plus, il a traîné dans la boue votre réputation, votre honneur, et vous voulez que je le souffre, et vous pouvez le souffrir vous-même ?

MADAME DE MILLY, avec effort, et tombant assise sur le canapé.

Monsieur Giraudot est un méchant homme, mais... ce n'est pas un calomniateur. (Musique, mouvement de valse.)

VERNOIS.

Cet homme n'a pas menti ?.. menti impudemment

Vous vous taisez... vous pleurez... Ah ! c'est donc vrai ! (Vernois est debout, la tête appuyée sur le marbre de la cheminée et près de madame de Milly. Du fond arrive Beaupré.)

BEAUPRÉ, au fond.

Madame Vernois, venez donc par ici, vous aurez moins chaud que dans le salon. (Juliette entre et s'assied à droite avec Jeanne ; Herminie entre en valsant, fait un signe à son mari ; elle est suivie de plusieurs couples. Le bruit de l'orchestre n'arrive qu'à peine et ne peut couvrir le dialogue qui suit.)

MADAME DE MILLY, vivement et cherchant à se remettre, à Vernois.

Ma fille, monsieur, ma fille !

VERNOIS, se laissant tomber sur un siége près de madame de Milly.

C'était vrai.

MADAME DE MILLY, à mi-voix.

On vous a dit la faute, monsieur, vous a-t-on dit aussi l'expiation ?

VERNOIS, debout, appuyé sur le dossier du canapé de gauche où est assise madame de Milly pendant la valse.

L'expiation, oui... Je me souviens et je comprends maintenant... pour ne pas livrer son honneur à de scandaleux débats, monsieur de Milly n'a pas voulu de séparation.

HERMINIE, à Vernois, en sortant à gauche avec son danseur.

Elle est charmante, votre femme.

VERNOIS.

L'époux a dévoré l'outrage, et le père s'est condamné à l'isolement par amour pour son unique enfant... (Juliette se lève et passe près de sa mère, suivie de Jeanne) qui était une fille... il l'a tenue éloignée du foyer flétri... il l'a tenue éloignée de... (Il s'arrête.)

MADAME DE MILLY, se cachant la tête dans la main.

De sa mère... oui, monsieur, oui, voilà l'expiation.

JULIETTE.

Qu'as-tu donc, mère ?

MADAME DE MILLY, se levant, s'efforçant de sourire.

Rien, rien, mon enfant !

JULIETTE.

Tu es bien pâle !

MADAME DE MILLY.

Un peu de fatigue, peut-être.

JULIETTE, *sortant par le fond avec Jeanne et tous les autres invités.*

Nous partirons aussitôt après cette valse.

VERNOIS. *

Pardonnez-moi... j'ai été cruel... Mais... (*Avec attendrissement.*) Je vous tenais si haut dans mon estime et dans mon affection... J'étais si heureux de votre tendresse pour Juliette... Moi, qui n'avais plus de mère, je croyais avoir en vous un guide, un conseil, un exemple pour ma femme... Je crois encore que je fais un mauvais rêve ; tenez, madame, sans votre propre aveu, j'aurais refusé de croire mon père lui-même s'il vous avait accusée. Je m'étonnai encore tout à l'heure que les de Milly eussent pu s'allier si facilement à un parvenu ?... Parbleu, je comprends tout maintenant. La fille de madame de Milly eût fait tache chez un gentilhomme... tandis qu'on faisait encore une grande faveur à ce parvenu, en daignant abriter de son honneur bourgeois, le déshonneur de la noble maison.

MADAME DE MILLY.

Monsieur !

VERNOIS.

Et vous ne m'avez rien dit, rien laissé entrevoir !... Mais, je devine, vous avez cru, vous et votre mari que je savais tout, que j'acceptais tout ? Parbleu ! un marchand de sucre et d'indigo n'y doit pas regarder de si près ? Et c'est sans doute aussi l'opinion du monde ?... celle de votre fille, peut-être ?

MADAME DE MILLY.

Ma fille ! oh !... je serais morte si elle avait pu soupçonner... (*Mouvement de Vernois.*) Elle ignore tout, monsieur, je vous le jure !... Et je vous demande grâce, non pour moi... mais pour mon enfant !

VERNOIS, *après un temps.*

Rassurez-vous, madame, j'ai trop de bon sens, trop de loyauté pour rendre Juliette responsable d'une faute qui n'est pas la sienne.

* Vernois, madame de Milly.

SCÈNE XII.

LES MÊMES, JULIETTE. *

JULIETTE, arrivant au fond.

Je suis prête, monsieur.

VERNOIS.

Vous désirez vous retirer; je suis à vos ordres.

JULIETTE.

Mère, on dirait que tu as pleuré.

MADAME DE MILLY, passant vivement son burnous.

Du tout.

VERNOIS, regardant sa montre.

Il est tard, en effet, et nous partons demain pour la campagne.

JULIETTE.

Demain! Ma mère est donc libre?... Le procès qui devait la retenir ici quelques semaines est donc terminé ?

VERNOIS.

Au contraire... il menace de se prolonger. (Appuyant.) Madame de Milly sera retenue à Paris plus longtemps qu'elle ne le supposait, et c'est elle qui nous prie de ne pas l'attendre.

JULIETTE.

Maman ne vient pas avec nous!

HERMINIE, entrant du fond.

Comment, Juliette, tu nous quittes déjà ?

BEAUPRÉ, arrivant.

Mais c'est une désertion au milieu du combat. (A Vernois.) Nous comptions sur vous pour le souper.

VERNOIS.

Impossible, nous partons demain pour Villers, et ma femme est un peu fatiguée.

JULIETTE, s'arrêtant.

Viens-tu, maman?

VERNOIS, froidement à sa femme.

Votre bras, madame. (Juliette salue du geste sa mère, et sort par le fond avec son mari.

MADAME DE MILLY, à part.

Séparée de ma fille, encore!

* Vernois, Juliette, madame de Milly.

ACTE DEUXIÈME

Un petit salon chez madame de Milly. Porte au fond, fenêtre à droite. Porte à gauche. Canapé à droite, petite table-bureau à gauche.

—

SCÈNE PREMIÈRE.

MADAME DE MILLY, assise et travaillant, ANGÈLIQUE, arrivant par la porte du fond.

ANGÉLIQUE.

Madame, voilà votre journal; mais il n'y a pas de lettre du château de Villers.

MADAME DE MILLY, assise à la table à gauche.

Je n'en attendais pas aujourd'hui.

ANGÉLIQUE.

Comme ça, il est bien décidé que madame Vernois ne viendra pas vous souhaiter votre fête?

MADAME DE MILLY.

Juliette m'a écrit la semaine dernière que les affaires de son mari ne lui permettaient pas de venir à Paris, et ma fille ne pouvait pas se mettre en route seule.

ANGÉLIQUE.

Et votre procès vous empêche d'aller là-bas? Sans lui, nous aurions été passer l'été à Villers comme l'an dernier. Voilà tout de même six grands mois que vous n'avez vu madame votre fille. Elle doit fièrement le maudire, votre procès! (Elle range.)

MADAME DE MILLY, à part.

Et je le bénis, moi! — C'est au moins un prétexte à cette séparation désirée, je l'ai compris, par monsieur Vernois, et à laquelle je dois me résoudre, pour ne pas compromettre le bonheur de mon enfant. Monsieur Vernois craint à présent de laisser Juillette avec moi. (Elle essuie une larme.) Puisse-t-il au moins tenir sa promesse et ne pas rendre ma fille responsable d'un passé, que vingt ans de douleurs avaient

2.

assez expié, peut-être... Non... la faute si chèrement payée par l'épouse devait encore peser sur la mère.

ANGÉLIQUE, qui, visiblement inquiète, va, vient et regarde souvent du côté de la fenêtre.

Est-ce que madame n'a pas un rendez-vous aujourd'hui?

MADAME DE MILLY.

Oui, chez monsieur Richard, mon avoué.

ANGÉLIQUE.

Pour midi?

MADAME DE MILLY.

En effet.

ANGÉLIQUE.

Madame sait que la pendule retarde.

MADAME DE MILLY.

Je ne me sens pas disposée à sortir.

ANGÉLIQUE, à part, avec regret.

Ah!

MADAME DE MILLY.

Je vais écrire à monsieur Richard.

ANGÉLIQUE, à part.

Et la surprise de madame Morin. (Haut.) Voyez donc, madame, le temps est superbe, ça vous ferait du bien de prendre l'air... Je vais aller vous chercher une voiture.

MADAME DE MILLY.

C'est inutile, j'enverrai chez monsieur Richard.

ANGÉLIQUE, à part.

Nous voilà bien. (Haut.) Oh! rester à la maison par un soleil comme celui-là... Monsieur Richard demeure près des Tuileries, vous auriez fait une petite promenade... car rien ne vous presse d'arriver.

MADAME DE MILLY.

Décidément, Angélique, tu tiens à ce que je sorte?

ANGÉLIQUE, embarrassée.

Moi? dame, oui.

MADAME DE MILLY.

Et puis-je savoir en quoi ma présence te gêne?

ANGÉLIQUE.

Oh! ce n'est pas moi que madame gêne.

MADAME DE MILLY.

Qui donc alors?

ANGÉLIQUE.

Il y a là... quelqu'un qui, de sa fenêtre, guette le moment où je dois lui faire signe que madame est...

MADAME DE MILLY.

Je ne vous comprends pas.

ANGÉLIQUE.

Ah! ma foi, je vais tout dire à madame. Je ne veux pas que madame ait de mauvaises pensées sur mon compte. C'est votre voisine du cinquième, c'est madame Morin, qui attend que vous ne soyez plus ici...

MADAME DE MILLY.

Pourquoi faire?

ANGÉLIQUE.

Pour venir apporter son bouquet.

MADAME DE MILLY.

Chère Marguerite! elle s'est souvenue...

ANGÉLIQUE.

De votre fête?... Est-ce qu'elle ne vous la souhaite pas tous les ans, ainsi que mesdames Beaupré et Maubert, les intimes de la pension?...

MADAME DE MILLY.

C'est vrai : mais son bouquet, Marguerite me le remet à moi-même.

ANGÉLIQUE.

Ah! c'est que cette année, ça n'est pas un bouquet comme les autres. Tenez, madame, promettez-moi d'être surprise tout de même et vous allez tout savoir; quand madame Morin a appris la semaine dernière que madame Vernois ne viendrait pas, elle s'est doutée que sans elle votre fête serait triste. Alors elle a voulu que votre fille fût à la fois à Villers et à Paris. — De mémoire, elle a fait le portrait de madame Vernois; il a été fini hier au soir, et c'est là le bouquet qu'elle veut que vous trouviez en rentrant.

MADAME DE MILLY, à part.

Pauvre enfant! (Haut.) Angélique...

ANGÉLIQUE.

Madame!...

MADAME DE MILLY.

Donne moi mon mantelet, mon chapeau.

ANGÉLIQUE, lui donnant les objets déposés sur un meuble à gauche.

Madame sort donc?

MADAME DE MILLY.

Oui.

ANGÉLIQUE, apportant le mantelet et le chapeau.

Voilà, madame. Et madame ne sait rien ?

MADAME DE MILLY.

Rien.

ANGÉLIQUE.

Et madame sera surprise ?

MADAME DE MILLY.

Je serai heureuse.

ANGÉLIQUE, courant après elle.

Madame ne rentrera pas trop tôt?

MADAME DE MILLY.

J'irai à pied chez monsieur Richard, et je prendrai le plus long pour revenir. (Elle sort.)

SCÈNE II.

ANGÉLIQUE, puis MARGUERITE.

ANGÉLIQUE, courant à la fenêtre à droite.

Vite, à présent, le signal. Oui, vous pouvez venir... on est parti. Oh! je suis bien tranquille, madame ne dira rien, mais si je n'avais pas tout avoué, elle ne serait pas sortie, ou elle aurait pensé des choses... (A Marguerite, qui paraît à la porte du fond.) Entrez, madame, entrez. — Madame est sortie pour une bonne heure.

MARGUERITE. *

Elle ne se doute de rien?

ANGÉLIQUE.

De rien. Elle sera surprise, elle me l'a promis.

MARGUERITE.

Hein ?

ANGÉLIQUE.

Je veux dire que j'en suis sûre. Eh bien! et le portrait ?

MARGUERITE.

Mon mari, en allant à son bureau, l'a porté chez l'enca-

* Marguerite, Angélique.

dreur, et monsieur Beaupré, qui est du complot, l'ira chercher lui-même.

ANGÉLIQUE.

On sonne. Louise est là.

MARGUERITE.

C'est lui, sans doute.

ANGÉLIQUE.

Non, c'est madame Beaupré.

SCÈNE III.

LES MÊMES, HERMINIE *, suivie d'un COMMISSIONNAIRE chargé de fleurs.

HERMINIE.

On peut entrer ?

MARGUERITE.

Oui, oui. — C'est tout le marché de la Madeleine qu tu apportes là.

HERMINIE.

J'ai voulu choisir moi-même ces fleurs. Je connais celles que préfère madame de Milly. Arrange tout cela, Angélique. (Elle paye le commissionnaire, qui sort.) Mon cadeau de fête ne vaudra pas le tien. Sais-tu qu'il est charmant, ton portrait? — D'une ressemblance frappante — et peint de mémoire.

MARGUERITE.

Oh! j'avais déjà fait une fois le portrait de Juliette. — Tu te souviens — à la pension.

HERMINIE.

Ah! oui, un dessin... de Paul et de Virginie. Le frère de Léontine, monsieur Gaston de Givré avait posé pour Paul, et Juliette pour Virginie.

MARGUERITE.

J'avais retrouvé ce dessin dans mes cartons, et je m'en suis servie.

ANGÉLIQUE.

On sonne encore.

HERMINIE.

C'est mon mari, j'espère ?

* Marguerite, Herminie.

SCÈNE IV.

LES MÊMES, JEANNE *.

JEANNE, entrant.

Non, c'est moi.

MARGUERITE.

Sans fleurs ?

JEANNE.

Mon bouquet est une excellente nouvelle. — Mon mari, qui est avocat, vient de m'annoncer que le fameux procès a été gagné ce matin ; j'espère être la première à l'apprendre à madame de Milly.

ANGÉLIQUE.

Dieu ! que madame va être contente en rentrant ; je suis sûre que pas plus tard que demain, nous partirons pour Villers. Il n'y a plus de place ici, je vas mettre ces deux bouquets-là dans la chambre de madame. (Elle sort par la porte à gauche.)

JEANNE.

Madame de Milly n'est donc pas chez elle ?

MARGUERITE.

Non, heureusement. Tu vois, le portrait n'est pas encore à sa place.

HERMINIE, allant à la fenêtre.

Que fait donc mon mari ?

JEANNE, s'asseyant à gauche.

Ah ! que je suis fatiguée !

MARGUERITE.

Ça n'est pas étonnant. Tu passes toutes tes journées en visites et toutes tes nuits au bal. Tu te rendras malade.

JEANNE. (Pendant le monologue Herminie est allée à la fenêtre de droite.)

Chez moi, l'ennui me tuerait. Que veux-tu ? Je ne sais rien faire, je ne suis bonne à rien ; je ne peux pas tenir une aiguille sans avoir tout de suite mal aux nerfs, la lecture m'endort et la solitude me fait peur. Je suis une de ces femmes inutiles qui semblent créées tout exprès pour cette vie d'oisiveté qu'on appelle la vie élégante. Il me faut le

* Juliette, Marguerite, Herminie.

bruit et l'éclat du monde, comme à l'oiseau l'air et l'espace.

MARGUERITE.

Mais l'oiseau aime son nid. C'est si bon d'être chez soi!

JEANNE.

Oui, peut-être, quand on a son mari, ou quand on sait s'occuper comme toi... Ah! à propos, te voilà donc tout à fait artiste?

MARGUERITE.

Moi? Du tout. Je peins... pour mon plaisir...

JEANNE.

Herminie!

HERMINIE, *revenant*.

Hein?

JEANNE.

Sais-tu où est la charmante aquarelle que Marguerite a terminée devant nous le mois dernier?

HERMINIE.

Mais... chez elle... je suppose...

JEANNE.

Elle est chez moi.

HERMINIE.

Elle te l'a donnée?

JEANNE.

Non... mon mari, qui se dit connaisseur, l'a achetée hier chez Cachardy, et celui-ci, tout en refusant de dire le nom du peintre, a promis un pendant.

HERMINIE, *à Marguerite*.

Tu vends tes tableaux?

MARGUERITE.

Oh! ne le dites à personne, ne le dites pas à mon mari, surtout. Il serait peut-être humilié, voyez-vous. Notre petit ménage est souvent gêné. Eugène espère que nous serons trois un jour. Je n'ai pas apporté de dot, et il est juste, quand mon mari travaille toute la journée, que je l'aide un peu. Le hasard a amené chez nous un ancien camarade d'Eugène, un peintre qui, en voyant mes aquarelles, m'a assuré que son marchand de tableaux m'en donnerait un bon prix, si je consentais à les lui vendre. J'ai eu la mauvaise honte

* Juliette, Marguerite, Herminie.

d'hésiter, j'en conviens; mais, enfin, je me suis décidée et, grâce à l'argent que je gagne, il y a chez nous, non pas plus de bonheur, c'était impossible, mais un peu plus de bien-être. Eugène s'étonne qu'avec ses petits appointements je le fasse si bien vivre, et ses étonnements m'amusent. Je vous ai tout dit; mais vous me garderez le secret, et quoique je travaille pour de l'argent, vous me garderez aussi votre amitié, n'est-ce pas?

HERMINIE, *l'embrassant.*

Tiens, tu as toujours été la meilleure de nous toutes.

JEANNE.

De nous toutes aussi, elle est la plus heureuse... C'est justice. Allons, puisque madame de Milly ne rentre pas, donnez-lui la nouvelle que j'étais venue lui apporter.

MARGUERITE.

Comment, tu nous quittes déjà?

HERMINIE.

Où vas-tu donc?

JEANNE.

Chez ma faiseuse de modes; j'ai ce soir un grand bal...

MARGUERITE.

Et tu iras, pâle et fatiguée comme te voilà?

JEANNE.

Oui.

MARGUERITE.

Tu aimes donc bien la danse?

HERMINIE.

Jeanne ne danse plus, ma chère; sais-tu pourquoi elle fait de si brillantes toilettes, pourquoi elle veille si tard...? Pour s'aller metire à une table de lansquenet ou de trente et un. Elle joue, comprends-tu, à son âge, elle joue!

MARGUERITE.

Tu aimes le jeu, toi, Jeanne?

JEANNE.

Pas encore, mais je m'y ferai.

MARGUERITE.

Hein? Que dit-elle?

HERMINIE.

Ça n'est pas pour ton plaisir que tu tiens des cartes toute une nuit!

JEANNE.

Non.

MARGUERITE.

Mais alors...

JEANNE.

Tiens, Marguerite; j'ai surpris, dévoilé ton petit secret; en échange, je vais te confier le mien. Je vous l'ai dit, je ne vis, je ne respire que dans le monde, le feu des bougies, voilà mon soleil à moi. Mon mari, qui me laisse seule, me laisse libre aussi, et je me consolais de la solitude par la liberté. Une femme jeune, jolie, que son mari semblait abandonner, devait être bien vite le point de mire de tous nos don Juan de salon. J'eus bientôt une cour... Ces innocentes conquêtes m'amusaient: qui a trente amoureux n'en a pas, et la foule de mes adorateurs n'était pour moi qu'une escorte; mais, dans la foule, on finit toujours par distinguer quelqu'un.

HERMINIE, *allant s'asseoir sur le canapé à droite.*

Aïe! aïe!

MARGUERITE.

Comment?...

HERMINIE.

Et ce quelqu'un...?

JEANNE, *s'asseyant près d'Herminie.*

Etait charmant; pour l'éviter, je me condamnai à quinze jours d'arrêts chez moi.

MARGUERITE, *debout près de Jeanne.*

C'était bien.

JEANNE.

C'était absurde. Dans le monde je voyais ce... quelqu'un, plus que les autres, c'est vrai; chez moi, je ne voyais que lui. Le remède était donc pire que le mal. Nous devions nous retrouver à la soirée de quinzaine de madame de Verteuil; ne pas aller à cette soirée, c'était laisser deviner à... ce quelqu'un qu'il devenait dangereux; y aller, c'était lui accorder ce que je lui avais imprudemment promis.

MARGUERITE.

Quoi donc?

JEANNE.

Eh! la première valse, la première polka, le premier lancier; il avait tout retenu. Je pris un parti héroïque, j'allai chez madame de Verteuil, mais je courus me placer à une table de lansquenet et j'y restai toute la nuit. Depuis, j'ai continué de me faire une égide de Pallas et de Charlemagne... Ah! mieux vaut encore jouer avec des cartes qu'avec le feu.

MARGUERITE.

Oui... je comprends... mais c'est bien ennuyeux, les cartes. Oh! les maris qui laissent toujours leurs femmes seules sont bien imprudents, bien coupables, même.

HERMINIE, riant.

Et que penses-tu des femmes qui laissent aller, sans elles, leurs maris dans le monde et qui restent au coin du feu, comme des cendrillons?

MARGUERITE.

Oh! c'est pour moi que tu dis cela! Je suis bien tranquille, va. Mon petit Eugène ne me trompera jamais; mais si le contraire doit arriver, je sais bien ce que je ferai.

HERMINIE.

Tu te vengeras?

MARGUERITE.

Sur-le-champ!

HERMINIE.

Quoi, Marguerite...

MARGUERITE.

Oh! mon parti est bien pris, va!

HERMINIE.

Enfin, que feras-tu?

MARGUERITE.

Je me tuerai!

HERMINIE.

Ah! tu appelles ça te venger!

MARGUERITE.

Oui; car je suis sûre qu'au fond il m'aimera toujours un peu. Il sera malheureux, et ce sera bien fait. Mais ce n'est là qu'une supposition, car j'ai confiance en mon mari... comme monsieur Beaupré a confiance en toi, et la confiance, ça doit ôter toute mauvaise pensée.

HERMINIE.

C'est vrai, pour les femmes du moins.

MARGUERITE.

Et pour Eugène aussi.

HERMINIE.

Et pour Eugène aussi. Moi je tiens parfaitement à distance tous ces jeunes lions qui, après avoir évité jadis la jeune fille à épouser, poursuivent à présent la jeune femme à séduire... Mais j'entends qu'on me laisse veiller seule sur moi-même.

JEANNE.

Est-ce que monsieur Beaupré..?

HERMINIE.

Ah! je suis moins contente de lui... il se donne des airs de surveillant... depuis quelques jours surtout... il me suit comme mon ombre, et tout à l'heure encore il hésitait à me laisser venir seule ici...Je ne lui conseille pas de devenir jaloux... je me connais... la défiance, les soupçons m'exaspéreraient. Ah! si j'avais été la femme d'Othello, je crois que j'aurais voulu être étouffée pour quelque chose.

ANGÉLIQUE, rentrant.

Voilà M. Beaupré.

HERMINIE.

Il amène l'encadreur?

ANGÉLIQUE.

Il n'amène personne.

HERMINIE.

Il apporte le cadre, alors?

ANGÉLIQUE.

Il n'apporte rien du tout. (Elle sort quand Beaupré est entré.)

SCÈNE V.

LES MÊMES, BEAUPRÉ.

BEAUPRÉ, entrant vivement, à Herminie.

Ah! vous voilà.

HERMINIE.

Avez-vous donc cru que je me perdrais en route?

BEAUPRÉ.

Du tout, mais je... Mesdames, j'ai bien l'honneur...

JEANNE.

Comme vous êtes rouge, monsieur Beaupré!

BEAUPRÉ.

Il fait chaud... j'ai un peu couru.

MARGUERITE.

Et le portrait ?

BEAUPRÉ.

L'encadreur l'apportera... il aurait fallu attendre trop longtemps et... Vous n'êtes pas venue seule ici, madame ?

HERMINIE.

Non.

BEAUPRÉ.

C'est cela, vous avez trouvé un cavalier en chemin ?

HERMINIE.

Je ne dis pas le contraire.

BEAUPRÉ.

Vous faites bien; je sais tout, madame, on vous a reconnue au bras de monsieur Giraudot... On vous a vue.

HERMINIE.

Je ne me cachais pas.

BEAUPRÉ.

C'est Bocquillon, mon ami Bocquillon... qui a cru devoir me prévenir... C'est par hasard que vous avez rencontré Giraudot ?

HERMINIE, riant.

Sans doute... Dans la rue, c'est toujours par hasard qu'on se rencontre.

BEAUPRÉ.

Oh ! Toujours... non... non... Il est aimable, monsieur Giraudot.

HERMINIE.

Vous me le dites si souvent que je finirai par m'en apercevoir.

BEAUPRÉ.

Oh ! c'est un homme à bonnes fortunes que monsieur Giraudot... il s'en vante... mais qu'il prenne garde à lui ! tous les maris ne sont pas de facile composition... J'en connais qui ne plaisanteraient pas en pareille circonstance... il faudra même que je raconte à ce Lovelace certaine histoire arrivée à la Jamaïque.

HERMINIE.

Cette histoire peut-elle intéresser ces dames ?

BEAUPRÉ.

Elle est terrible, je vous en préviens.

JEANNE.

Tant mieux, il n'y a que le terrible qui m'amuse.

BEAUPRÉ.

Il s'agit d'un mari... comme les aime monsieur Giraudot. Ce mari, confiant d'abord, s'était aperçu qu'il était indignement trompé par sa femme et par un ami... Il résolut de donner au monde un grand exemple... il épia, il surprit les coupables, et...

LES TROIS FEMMES.

Et...

BEAUPRÉ.

Il les tua tous les deux avec ses pistolets.

JEANNE ET MARGUERITE.

Quelle horreur!

HERMINIE.

A beau mentir qui vient de loin, et monsieur Beaupré a beaucoup voyagé.

BEAUPRÉ.

Le fait est historique.

HERMINIE.

Et les pistolets aussi?

BEAUPRÉ.

Je les ai gardés, madame.

HERMINIE ET LES DEUX AUTRES.

Hein?

HERMINIE.

Ce mari cannibale...

BEAUPRÉ.

C'était moi!

HERMINIE.

Comment, vous avez été marié?

BEAUPRÉ.

Oui, madame.

HERMINIE.

Et vous me l'aviez caché!...

BEAUPRÉ.

Oui, madame.

HERMINIE.

Et vous êtes capable de ces choses-là?

BEAUPRÉ.

Oui, madame. (A part.) Je crois qu'à présent... elle regardera à deux fois avant de prendre le bras de Girandot...

JEANNE.

Mais, monsieur, étiez vous bien certain de... votre droit?

BEAUPRÉ.

Très-certain.

MARGUERITE, bas à Herminie.

Ah! mon Dieu! Est-ce qu'avec un mari comme celui-là tu n'as pas peur?

HERMINIE.

Si..., j'ai peur... pour lui.

ANGÉLIQUE, entrant vivement.

Mesdames... mesdames..., je vous annonce...

JEANNE.

Madame de Milly?

ANGÉLIQUE.

Non.

MARGUERITE.

Le portrait?

ANGÉLIQUE.

Mieux que ça... l'original. (Elle montre Juliette, qui entre par le fond, en toilette de voyage).

SCÈNE VI.

LES MÊMES, JULIETTE, entrant en venant prendre le milieu.

TOUTES.

Juliette!

JULIETTE.

Mes amies!... (Elles s'embrassent).

JEANNE.

Tu ne devais pas venir.

JULIETTE.

Non, mais j'ai pu m'échapper... je vous conterai cela... Vous aviez voulu consoler ma mère de mon absence... Vous étiez là... pour me remplacer... Que je vous remercie de cette bonne pensée, chère Marguerite!—Je sais par Angéli-

* Jeanne, Marguerite, Beaupré, Herminie.

que quelle douce surprise tu ménageais à maman, mais la mienne vaudra mieux, n'est-ce pas?

MARGUERITE.

Certes.

JULIETTE, allant à Herminie.

Tu ne me dis rien, Hermine.

HERMINE.

Pardon, je réfléchissais, je pensais à mon mari...

ANGÉLIQUE, à la fenêtre.

Voilà, madame.

JEANNE.

Et vite, vite, place-toi là... nous te cacherons... à nous trois, ça ne sera pas difficile.

MARGUERITE.

Il ne faut pas que ta mère te voie tout de suite. (On fait asseoir Juliette à gauche, et ses amies se placent devant elle.)*

SCÈNE VII.

LES MÊMES, MADAME DE MILLY.

MADAME DE MILLY.

Que de monde chez moi!.. Comment, vous aussi, monsieur Beaupré, vous vous êtes souvenu... Oh! mais c'est une jardinière, que mon salon... Laissez-moi remercier ces chères enfants-là... Eh bien! (Aux femmes.) Vous ne venez pas m'embrasser?... Est-ce que, par hasard, on me cacherait quelque bonne surprise?... Oh! je ne sais rien, d'abord... absolument rien... et je veux voir.

MARGUERITE, JEANNE HERMINIE.

Voyez.

JULIETTE, se levant et courant à sa mère.

Ma mère!

MADAME DE MILLY, en reculant, va s'asseoir à droite.

Ah! ça n'est pas possible... je rêve... (Elle tombe dans un fauteuil.)

ANGÉLIQUE.

N'allez pas être malade de joie, à présent.

* Jeanne, Juliette, Marguerite, Angélique, Herminie.

MADAME DE MILLY.

Ma fille, ma Juliette... chez moi... Ah! mon Dieu! mon Dieu! que je suis heureuse!

JULIETTE.

Bonne mère !... (Elles s'embrassent.)

MARGUERITE, aux autres.

Elles doivent avoir bien des choses à se dire.

JEANNE. Elle sort avec Marguerite.

Je te comprends... Venez, monsieur Beaupré.

BEAUPRÉ.

Partir... sans...

JEANNE.

Elles ne s'apercevront même pas que nous ne sommes plus là.

BEAUPRÉ, à Herminie.

Chère amie! venez-vous faire un tour de promenade?

HERMINIE.

Non, je rentre chez moi.

BEAUPRÉ.

Tout de suite?

HERMINIE.

Tout de suite. (A part.) Je veux savoir s'il a encore ses pistolets. (Ils sortent par le fond et vont doucement...)

SCÈNE VIII.

MADAME DE MILLY, JULIETTE.

MADAME DE MILLY.

Ton mari t'a donc permis de venir?

JULIETTE.

Mon mari m'a quittée hier, pour quelques jours, une affaire imprévue... Me trouvant seule et libre... je suis accourue pour t'embrasser... il y avait si longtemps que je ne t'avais vue...

MADAME DE MILLY.

Si ton mari savait...

JULIETTE, s'asseyant sur une chaise près de sa mère.

Mon voyage à Paris, il le saura par Justine, ma femme de chambre, s'il rentre à Villers avant nous.

MADAME DE MILLY.

Que dis-tu?

JULIETTE.

Je dis que ton procès est enfin terminé... je viens de l'apprendre par Angélique, et je t'emmène...

MADAME DE MILLY.

Moi!

JULIETTE.

Ah! tu n'as plus de prétexte à me donner... Ce procès t'empêchait seul de venir, n'est-ce pas?..

MADAME DE MILLY.

Sans doute.

JULIETTE.

Alors, pourquoi hésites-tu? — Ce n'est pas mon mari qui t'éloigne de moi.

MADAME DE MILLY.

Non, certes...

JULIETTE.

Pourtant... Il n'est plus pour toi... ce qu'il devrait être... ce qu'il était... non... il évite de prononcer ton nom... et il paraît impatient quand je lui parle de toi... il est vrai que je lui en parle toujours... Que peut-il avoir contre toi?

MADAME DE MILLY.

Tu as tort peut-être de lui laisser voir que j'occupe encore une si grande place dans ton cœur.

JULIETTE.

Oh! mon mari ne peut pas être jaloux de ma mère!

MADAME DE MILLY.

Peut-être, et il ne faudrait voir là, mon enfant, qu'une preuve de plus de sa tendresse pour toi... Il n'aime que toi au monde et voudrait que tu n'aimasses que lui... Aussi je lui pardonne de porter envie même à ton affection.

JULIETTE.

Pour toi! Oh! ce serait de la folie... Je te préviens que je t'emmène.

MADAME DE MILLY.

Ma présence est encore nécessaire à Paris... Et puis, chère fille, il faut t'habituer à la pensée d'une séparation éternelle...

JULIETTE.

Oh!

MADAME DE MILLY.

Il faut aimer avant tout... ton mari, qui devra me remplacer, quand je te manquerai tout à fait.

JULIETTE.

Oh! ne parle pas ainsi, ma mère! que deviendrai-je sans toi? Plus que jamais, j'ai besoin de tes caresses, de tes conseils.

MADAME DE MILLY.

Juliette... Comme tu dis cela!... n'es-tu donc pas heureuse?

JULIETTE.

Heureuse?

MADAME DE MILLY.

M. Vernois n'est-il pas pour toi ce qu'il était dans les premiers temps de votre mariage?

JULIETTE.

Je suis injuste, peut-être... M. Vernois, préoccupé sans doute de sa maison de commerce de la Nouvelle-Orléans, qu'à cause de moi il a renoncé à diriger lui même, M. Vernois n'a plus, il me semble, cette égalité d'humeur qui me faisait au moins une existence uniforme et calme. Il s'irrite à présent d'un mot, il s'inquiète de toutes mes actions, et ce n'est plus de la sollicitude... non... c'est de la défiance... Lui, que tu as connu si franchement joyeux, est à présent sombre et grondeur; s'il rit encore par hasard, son rire est amer, et ce rire me glace et me fait peur.

MADAME DE MILLY, à part.

Oh! il doute d'elle, de ma fille!

JULIETTE.

Tu vois bien qu'il faut que tu viennes avec moi, puisque je ne peux pas rester ici, ici... où avec mes souvenirs de jeune fille je sentirais peut-être renaître ma gaieté... Oh! oui, ici... je serais heureuse encore... C'est convenu, je vais dire à Angélique de faire tes malles... puis je monterai un moment chez Marguerite, où je trouverai sans doute Jeanne, Herminie, qui n'ont pas voulu se mêler à notre joie. Pauvre Marguerite, elle m'a écrit qu'elle se décidait à vendre ses aquarelles. L'argent seul manquait à son bonheur... J'ai de l'argent, moi... je veux lui acheter tout ce que je trouverai dans son portefeuille. A tout à l'heure, bonne mère, à tout à l'heure. (Elle l'embrasse encore et sort par le fond.)

SCÈNE IX

MADAME DE MILLY.

Non, non, je n'irai pas à Villers, ma présence irriterait encore M. Vernois... il ne comprend pas que ma fille ne peut pas avoir un guide plus sûr que sa mère ; il ne comprend pas que, pour éviter à Juliette les douleurs que j'ai souffertes, j'éloignerais à tout prix de son cœur...

SCÈNE X

MADAME DE MILLY, ANGÉLIQUE, puis VERNOIS.

ANGÉLIQUE, annonçant.

M. Vernois!

MADAME DE MILLY.

Lui! Ah! mon Dieu!

VERNOIS, saluant.

Vous paraissez surprise de ma visite ; en effet, rien ne devait vous la faire prévoir... Appelé ici par une affaire, je n'ai pas voulu traverser Paris sans vous présenter mes devoirs. (Il va mettre sur un guéridon son chapeau et ses gants.)

MADAME DE MILLY, bas à Angélique.

Il ne sait donc pas que sa femme...?

ANGÉLIQUE, même jeu.

Je ne lui ai rien dit.

MADAME DE MILLY, vivement.

Préviens ma fille que M. Vernois est ici et qu'il ignore sa présence, à elle, chez moi. Va, va vite. (Angélique sort avec embarras.) Veuillez vous asseoir, monsieur, et soyez toujours le bienvenu chez moi.

VERNOIS.

Merci, madame. (Avançant un fauteuil.) Vous ne me demandez pas des nouvelles de votre fille. Je comprends ; vous en devez recevoir souvent. Elle écrit toute la journée... et je suppose que c'est à vous.

MADAME DE MILLY.

Monsieur...

VERNOIS.

Votre procès dure toujours ?

MADAME DE MILLY.

Je l'ai gagné, monsieur.

VERNOIS.

Ah ! quand cela ?

MADAME DE MILLY.

Aujourd'hui même.

VERNOIS.

Oh ! la partie adverse fera appel.

MADAME DE MILLY.

C'est en appel que j'ai gagné.

VERNOIS.

Il y a encore la Cour de cassation.

MADAME DE MILLY.

Rassurez-vous, monsieur... Je trouverai un autre prétexte pour rester à Paris.

VERNOIS, *après un silence.*

Angélique ne rentrera pas sans que vous l'appeliez ?

MADAME DE MILLY.

Non, monsieur.

VERNOIS.

Bien, madame... j'ai des renseignements à vous demander.

MADAME DE MILLY.

Parlez, monsieur ?

VERNOIS.

Il y a trois jours, en cherchant un mémoire dans le petit secrétaire, où ma femme serre vos lettres...

MADAME DE MILLY.

Que vous avez lues, monsieur ?

VERNOIS.

Elles étaient ouvertes... Je dois à ce propos vous remercier des conseils que vous donnez à votre fille... Vous l'exhortez à me rendre heureux, à m'aimer ; ce qui m'a fait comprendre qu'elle n'y serait pas portée d'elle-même.

MADAME DE MILLY.

Monsieur, je...

VERNOIS.

Pardon, j'arrive au fait qui m'amène. Parmi ces lettres, il s'en trouvait plusieurs d'une autre écriture que la vôtre... cell-ci, par exemple... signée Marguerite.

MADAME DE MILLY.

Une amie de pension de ma fille... un ange.

VERNOIS.

Je ne dis pas le contraire... seulement expliquez-moi ce passage, qui peut sembler insignifiant, et que j'ai pourtant trouvé de quelque importance... pour moi, du moins : « Je » me suis remise à faire de l'aquarelle : ce travail profitera » à notre petit ménage ; on a voulu m'acheter même mon » grand dessin de Paul et Virginie, mais j'ai refusé ; je ne » pouvais décemment pas vendre et laisser exposer ton » portrait et celui de M. Gaston de Givré... » (Silence.) Voilà tout. Aurez-vous la bonté de me dire, madame, ce que c'est que M. Gaston de Givré ?

MADAME DE MILLY.

Le frère d'une amie de pension de Juliette.

VERNOIS.

Ce jeune homme aimait votre fille ?

MADAME DE MILLY.

Oui, monsieur.

VERNOIS, se levant.

Et pourquoi ne l'a-t-il pas épousée ? hum ! Je le devine... M. de Givré portait un noble nom... il aura sans doute appris ce qu'on m'a laissé ignorer... alors...

MADAME DE MILLY, avec calme et se levant.

Vous vous trompez, monsieur.

VERNOIS.

Vous savez pourquoi M. de Givré n'est pas devenu l'époux de Juliette ?

MADAME DE MILLY.

Je le sais...

VERNOIS.

Et vous pouvez me le dire ?

MADAME DE MILLY.

Quand il s'agit de ma fille, je peux toujours tout vous dire.
(Elle fait signe à Vernois de se rasseoir. Pendant ces trois dernières répliques,

la porte du fond s'est entr'ouverte. Juliette a paru sur le seuil; mais en entendant le nom de Gaston de Givré, elle s'est reculée et a doucement refermé la porte. Continuant.) M. Gaston de Givré était le dernier rejeton d'une grande famille, établie depuis longtemps en Amérique. Il aimait ma fille ; des amis communs les avaient déjà fiancés et m'avaient annoncé qu'à notre retour des eaux, M. de Givré viendrait nous demander la main de Juliette. Trois mois s'écoulèrent, et, en arrivant à Paris, je reçus en effet la visite de ce jeune homme. Il vint s'asseoir à la place où vous êtes ; il était d'une effrayante pâleur, et sa main, qui avait serré la mienne, était sèche et brûlante. Je l'interrogeai sur sa santé. — « Je relève d'une courte » maladie, me dit-il, et qui n'avait semblé inspirer de » crainte à personne, pas même à mon médecin. Hier, à » son insu, je m'étais levé pour la première fois, et au mo- » ment où j'allais entrer au salon pour surprendre le doc- » teur, je m'arrêtai ; j'entendis prononcer mon nom à voix » basse : c'était mon médecin qui causait avec un de mes » amis et qui lui disait qu'à moins que Dieu ne fît un mi- » racle, il ne me restait pas deux ans à vivre. Le docteur » ne savait s'il devait m'apprendre ou me cacher la vérité ; » il pouvait hésiter, moi je n'en ai pas le droit, je n'ai plus » songé à mon bonheur, je n'ai pensé qu'à celui de votre » fille, et je viens vous dire que cet amour, qu'elle n'a pu » que soupçonner, j'en emporterai le secret dans l'exil d'a- » bord, puis dans la tombe. » Et il sortit en étouffant un sanglot. Huit jours après, M. de Givré s'était embarqué ; et, depuis deux ans, aucune nouvelle de lui n'est parvenue en France. J'ai tout laissé ignorer à ma fille. Voilà la vérité, monsieur, toute la vérité.

VERNOIS.

Merci, madame, c'est bien. Tout s'explique, me voilà complétement rassuré.

MADAME DE MILLY.

Attendez, monsieur, j'ai encore quelque chose à vous dire.

VERNOIS.

De votre fille ?

MADAME DE MILLY.

Oui, de ma fille que vous croyez à Villers et...

JULIETTE, entrant d'une voix contenue.

Qui est venue à Paris.

VERNOIS.

Vous ici, Juliette?

SCÈNE XI.

LES MÊMES, JULIETTE.*

JULIETTE.

Vous aviez oublié la fête de ma mère, monsieur... Moi, je m'en suis souvenue... Mais je comptais repartir...

VERNOIS.

Ce soir?

JULIETTE.

Oui, avec ma mère.

MADAME DE MILLY.

Mon enfant, je ne puis quitter Paris en ce moment, et j'expliquais à M. Vernois... les motifs qui me retiendront encore ici... Tu retourneras donc chez toi avec ton mari.

JULIETTE.

Oh! alors, dans quelques jours seulement...

VERNOIS.

Mais...

JULIETTE.

Monsieur, voilà six mois que je n'ai vu ma mère.

VERNOIS,

Eh bien! soit, nous resterons ici quelques jours.**

MADAME DE MILLY, bas.

Merci, monsieur.

VERNOIS, à sa femme.

Je vais m'occuper de l'affaire qui m'appelle à Paris. (Lui prenant la main.) A tantôt, Juliette. Aimez-moi un peu, je vous aime tant! (Juliette se laisse embrasser par son mari. Celui-ci sourit à madame de Milly et sort.)

* Vernois, Juliette, madame de Milly.
** Juliette, Vernois, madame de Milly.

SCÈNE XII.

JULIETTE, MADAME DE MILLY. (Juliette est restée comme perdue dans ses pensées, immobile et muette. Sa mère la regarde avec inquiétude.)

MADAME DE MILLY.

Juliette ! Juliette !

JULIETTE, comme rappelée à elle-même, relève la tête, regarde autour d'elle, puis ne voyant plus son mari.

Ah ! ma mère, je n'avais donc pas été oubliée, dédaignée !

MADAME DE MILLY.

Que dis-tu ?

JULIETTE.

J'étais là, j'ai tout entendu. Pourquoi m'avez-vous caché la vérité ? A lui aussi j'aurais fait le sacrifice de ma vie.

MADAME DE MILLY.

Tais-toi, tais-toi !

JULIETTE.

Oh !... je puis l'avouer... puisque une tombe nous sépare. C'est mon bonheur que je pleure, mon bonheur qu'il a emporté avec lui.

MADAME DE MILLY.

Prends garde. (A Angélique.) Pourquoi entrer ici sans que je vous appelle ?... Que voulez-vous ?

SCÈNE XIII.

LES MÊMES, ANGÉLIQUE.

ANGÉLIQUE.

Pardon, une lettre pour madame.

MADAME DE MILLY.

De monsieur Richard, sans doute. C'est bien.

ANGÉLIQUE.

Oh ! non, madame, elle vient d'Amérique. (Juliette tressaille.)

MADAME DE MILLY.

Qu'as-tu donc ?

JULIETTE.

Cette lettre est de lui, ma mère.

MADAME DE MILLY.

C'est impossible.

JULIETTE.

J'en suis sûre.

MADAME DE MILLY.

Laissez-nous. (Angélique sort.) Il n'aurait plus rien à m'écrire; puis il y a deux ans qu'il est parti... Deux ans!... et tu oublies qu'il était condamné!

JULIETTE, allant à la table de gauche et prenant la lettre déposée par Angélique.

Oh! brisez ce cachet, ma mère, brisez-le donc! (Madame de Milly ouvre la lettre. Juliette y jette les yeux et pousse un cri. Du doigt elle montre à sa mère la signature. Avec joie.) Ah! Gaston de Givré! Il existe!

MADAME DE MILLY, lisant.

« Madame, Dieu a fait un miracle, il m'a sauvé; j'aime » Juliette, et je reviens pour la nommer ma femme!... »

JULIETTE, avec effroi, tombant assise près du bureau à gauche.

Il revient!

SCÈNE XIV.

LES MÊMES, VERNOIS.

VERNOIS.

Mon correspondant n'est pas à Paris en ce moment.

JULIETTE, à part, assise.

Il revient!

VERNOIS.

Mais qu'avez-vous donc, Juliette?

JULIETTE, vivement, se levant.

Moi? rien, monsieur... Vous disiez, je crois, que votre correspondant est en voyage?

VERNOIS.

En effet.

JULIETTE.

Rien ne vous retient plus ici?

VERNOIS.

Rien.

JULIETTE.

Alors, emmenez-moi, monsieur.

VERNOIS.

Je ne puis comprendre...

JULIETTE.

J'ai réfléchi, j'ai causé avec ma mère... enfin, emmenez-moi, mon ami, je suis prête !

VERNOIS, bas à madame de Milly.

C'est à vous que je dois cette bonne résolution. (Il remonte. Juliette va à sa mère.)

JULIETTE.

Oh ! mais, tu viendras, ma mère, tu viendras !

MADAME DE MILLY.

Oui. (L'embrassant.) Juliette, (bas) tu n'as plus le droit de te souvenir.

JULIETTE, bas à sa mère.

Oh ! j'oublierai, j'oublierai ! (Haut, à son mari.) Partons, monsieur, partons !

FIN DU DEUXIÈME ACTE.

ACTE TROISIÈME

Un salon serre chez M. Vernois, à la campagne. Grand vitrage au fond laissant voir le parc, large portière à gauche laissant voir le salon qui communique avec la serre qui se continue à droite. On entre dans la serre par le fond, par la droite et par la gauche. Meubles rustiques. Banc, chaises, tables, etc. Au lever du rideau le chapeau et le mantelet d'Herminie sont déposés sur le guéridon de gauche.

—

SCÈNE PREMIÈRE

JUSTINE, puis GASTON, JULIETTE, HERMINIE, VERNOIS.

JUSTINE, rangeant sur le guéridon à gauche.

En sortant de table, madame et son amie, madame Beaupré viendront dans la serre. On y est beaucoup plus gaiement que dans le salon. (Gaston paraît au fond.) Tiens, une visite !

GASTON, entrant.

Mademoiselle, savez-vous si monsieur Vernois est chez lui et s'il peut me recevoir?

JUSTINE.

Monsieur est à déjeuner avec madame et une de ses amies qui est venue la voir... Si monsieur veut attendre un peu...

GASTON.

Je désire parler à monsieur Vernois, à lui seul !... je reviendrai tantôt.

JUSTINE.

Si monsieur veut toujours me dire son nom...

GASTON.

C'est inutile, monsieur Vernois ne me connaît pas. (Il sort.)

JUSTINE.

Il est très-bien, ce jeune homme. (Elle sort pour le reconduire. Juliette et Herminie paraissent à la porte de gauche suivies de Vernois, qui vient s'asseoir près du guéridon de gauche.)

HERMINIE.

Oui, ma chère amie, monsieur Beaupré, qui est devenu

jaloux comme un tigre, m'a amenée à Trouville, sous prétexte de soigner ma santé, qui est excellente, mais en réalité pour m'éloigner de monsieur Giraudot, à qui je ne pensais pas plus qu'au Grand Mogol. Sachant que ta propriété était dans les environs, j'ai bien voulu me prêter à cette fantaisie; sans cela, je ne serais venue qu'entre deux gendarmes. Voyons, tu ne peux pas me refuser de venir au bal qu'on donne ce soir à l'établissement. Ce sera charmant et c'est au profit des pauvres.

JULIETTE.

Oh! je prendrai mes billets.

HERMINIE.

Mais tu ne viendras pas au bal?

JULIETTE.

Je t'en prie, n'insiste pas.

HERMINIE.

Pourquoi ce refus?

JULIETTE.

M. Vernois a une partie de chasse, dont je ne veux pas le priver.

VERNOIS.

Ce ne sera même pas une privation pour moi, et si vous n'avez pas d'autres raisons...

JULIETTE.

Je vous remercie de ce sacrifice, monsieur, mais je ne veux pas abuser...

VERNOIS, *se levant.*

Abuser... sacrifice... en vérité, Juliette, voilà de bien grands mots, qui n'ont que faire ici. Je ne tiens nullement à cette partie.

JULIETTE.

Mais j'y tiens pour vous, monsieur.

VERNOIS.

Ah! vous tenez à une chose qui doit m'éloigner de vous toute une journée?

JULIETTE.

Monsieur, vous me comprenez mal.

HERMINIE, *à Vernois qui a remonté un peu vers le fond.*

Ah! mon Dieu! est-ce que vous seriez jaloux aussi, monsieur Vernois?

VERNOIS.

Moi!

HERMINIE.

Alors, je vous plains, monsieur, et bien sincèrement. Car non-seulement un jaloux est malheureux, mais il est insupportable; oh! j'en parle avec connaissance de cause. (A Juliette.) Décidément, tu ne veux pas venir? Je pars donc seule.

JULIETTE.

Déjà!

HERMINIE.

Oh! c'est par humanité. Mon mari doit avoir la fièvre. (A Juliette.) La voiture est prête? Merci. (Elle remonte. A Vernois.) Un conseil d'ami, voulez-vous?

VERNOIS.

Je vous écoute, madame.

HERMINIE.

La jalousie est toujours une sottise. Mon chapeau, monsieur Vernois. Une femme est honnête ou elle ne l'est pas. Si elle ne l'est pas, la défiance n'est qu'un aiguillon, un prétexte de plus pour tromper son mari. Mon mantelet, monsieur Vernois. Si elle est honnête, c'est une insulte, c'est un défi, c'est la guerre; et, ma foi, à la guerre comme à la guerre. Votre bras, monsieur Vernois (A Juliette.) Adieu, vilaine. (Elle sort avec Vernois par le deuxième plan à gauche.)

SCÈNE II.

JULIETTE, puis JUSTINE.

JULIETTE, seule.

Ah! je suis mécontente de moi. J'aurais dû accepter tout d'abord cette invitation; j'ai bien vu que mon refus contrariait mon mari... Jaloux... il a le droit de l'être... car j'ai beau faire, ma pensée est à un autre. Et si j'aime tant la solitude, c'est qu'elle me permet de me livrer tout entière à un souvenir... Ah! ma mère me l'a bien dit... la solitude est mauvaise conseillère... Oh! oui. (Appelant.) Justine! (Justine paraît.) Mon châle, mon chapeau... Et dans un carton, une robe de bal. Celle que vous voudrez. (Justine sort. Continuant.) Je dois au moins mon dévouement à celui à qui je ne puis donner mon amour. Allons, j'obéirai, j'irai à cette fête.

SCÈNE III.

JULIETTE, VERNOIS, JUSTINE. (Justine entre avec le châle et le chapeau, Vernois rentre par le fond.)

VERNOIS,* du fond.

Vous vous habillez, Juliette, et pour aller?

JULIETTE.

A Trouville.

VERNOIS.

A Trouville! — mais vous avez refusé tout à l'heure.

JULIETTE.

En voyant que ce refus vous avait contrarié, j'ai réfléchi, ou plutôt je me suis souvenue des conseils de ma mère.

VERNOIS, à part.

De sa mère! toujours! (Haut.) Justine, remportez cela. (Juliette fait signe à Justine d'obéir à l'ordre de Vernois.) Vous ne vous décidiez que par obligeance à cette promenade, nous n'irons pas à Trouville. (Mouvement.) Nous n'irons pas.

JULIETTE.

Comme vous voudrez, monsieur. (Justine remporte le chapeau et le châle que Juliette lui a rendus silencieusement. Vernois s'est assis. Après le départ de Justine il semble péniblement préoccupé. Juliette fait un pas vers lui, puis s'arrête et se dispose à rentrer chez elle, à gauche.)

VERNOIS, impatient et la voyant entrer.

Vous rentrez chez vous?

JULIETTE.

Oui, je...

VERNOIS,** se levant.

C'est cela! Le monde ou la solitude! Enfin tout, excepté moi.

JULIETTE.

Je resterai auprès de vous, si vous le désirez.

VERNOIS.

Vous m'obéirez... vous êtes bien bonne, madame... je vous remercie. (Il sort brusquement par le fond.) Ah! mon Dieu!...

* Vernois, Juliette.

** Juliette, Vernois.

SCÈNE IV.

JULIETTE, puis JUSTINE, puis GASTON.

JULIETTE, après un temps.

S'il est injuste envers moi... c'est qu'il est malheureux; car il m'aime, et moi... — L'aimer! oh! je le voudrais, et j'y fais tous mes efforts... mais je ne peux pas. (Elle passe à droite.)

JUSTINE, entrant.

Madame, est-ce que monsieur n'est pas ici?

JULIETTE.

Que lui veut-on?

JUSTINE.

C'est un jeune homme qui est déjà venu ce matin, et qui a des papiers importants à lui remettre.

JULIETTE.

Voyez. Je crois que monsieur est dans le parc. (Justine sort. Juliette, triste et rêveuse, se dirige lentement vers la droite. Un temps de silence. Tout à coup elle tressaille, se penche et regarde avidement au dehors, et Gaston paraît au fond.)

GASTON, très-animé.

Juliette? Ah! je ne me trompe pas, c'est vous, c'est bien vous! Mais par quel hasard?... Ah! oui, je me souviens... une amie en visite chez madame Vernois, on me l'a dit, et cette amie, c'était vous! J'étais forcé de m'arrêter dans ce pays avant d'aller à Paris, où je vous croyais, et le ciel veut que je vous retrouve ici, vous, Juliette, vous que... j'aime!

JULIETTE, tressaillant.

Monsieur!

GASTON.

Oh! laissez-moi le dire, maintenant que ce bonheur m'est permis; car vous savez pourquoi je me taisais, pourquoi je suis parti? Oui, votre mère vous a tout dit, n'est-ce pas? Quelle chose étrange que l'amour! Jamais je ne vous avais parlé du mien. Jamais vous ne m'avez avoué le vôtre, et je savais que vous m'aimiez, je le sentais, j'en étais sûr. Mon

* Gaston, Juliette.

départ, qui ressemblait à un abandon, à une fuite, ce départ vous faisait libre... Eh bien ! quand un miracle de Dieu me rendit à la vie, mon premier cri a été : Juliette, ma femme ! Jamais un moment l'idée ne m'est venue que vous pouviez être à un autre, jamais, Juliette, jamais, je vous le jure ! (Juliette, qui pendant ces paroles rapides de Gaston a fait de vains efforts pour parler, Juliette tombe sur un fauteuil, anéantie, brisée, en se cachant la tête dans ses mains.)

GASTON, après un temps.

Ah ! je comprends tout... je ne vous accuse pas. Vous vous êtes crue abandonnée, oubliée; votre mère ne devait rien vous dire... et vous, vous n'avez rien deviné ?... Vous ne m'aimiez donc pas ? (Mouvement de Juliette, mais elle ne répond pas.) Et cet homme, vous l'aimiez. (Même jeu.) Vous l'aimez donc ?...

JULIETTE, avec effort, se levant.

C'est mon mari, monsieur.

GASTON.

Ah ! pardon... je vous dis des choses insensées, je vous fais injure !... c'est que je souffre tant, voyez-vous. Je suis si malheureux !

JULIETTE, gravement.

M. Vernois sait que vous avez dû m'épouser, monsieur, et s'il vous voyait ici...

GASTON

Rassurez-vous, madame, j'ai à lui parler d'une affaire qui le concerne, mais je vous promets que rien dans ma voix... dans mon visage... (Musique à l'orchestre.)

JULIETTE, qui a fait quelques pas pour sortir.

Oubliez le passé, monsieur, oubliez-le comme je l'oublie, moi... Et maintenant... adieu.

GASTON*.

Adieu ?

JULIETTE.

Vous comprenez, n'est-ce pas, que cet adieu est éternel, que nous ne devons plus nous revoir ?...

GASTON.

Juliette !...

* Juliette, Gaston.

JULIETTE.

Jamais! (Elle rentre chez elle, à gauche.)

GASTON, seul.

Et moi qui remerciais Dieu de m'avoir fait vivre! Ah! je ne veux pas rester un instant de plus dans cette maison.

JUSTINE, entrant de droite.

Monsieur, voici M. Vernois.

SCÈNE V.

GASTON, VERNOIS.

VERNOIS, saluant.

Monsieur...

GASTON, cherchant à se remettre.

Monsieur...

VERNOIS.

On m'a dit que vous aviez à me parler, monsieur.

GASTON, de même.

En effet, d'une affaire qui vous intéresse. (Un temps de silence.)

VERNOIS.

J'attends que vous vouliez bien me dire...

GASTON.

Il s'agit de votre maison de la Nouvelle-Orléans.

VERNOIS.

Ah! j'en attendais impatiemment des nouvelles. Les affaires vont assez mal là-bas, et le dernier courrier de Renaud, mon associé, me donnait des inquiétudes... c'est lui qui vous a chargé de lettres pour moi?

GASTON.

M. Redaud est mort, monsieur.

VERNOIS.

Mort!

GASTON.

Huit jours avant mon départ, et subitement frappé par le fléau qui ravage en ce moment le pays.

VERNOIS.

Mort... Renaud, mon vieil ami!

GASTON.

Oui, monsieur, en laissant ses affaires et par conséquent les vôtres dans une situation...

VERNOIS.

Achevez, je vous prie...

GASTON.

Veuillez d'abord prendre connaissance de ce message... Un de vos amis, monsieur Dudley, sachant que je venais en France, m'a prié de... Lisez, monsieur, et si vous avez besoin de plus amples renseignements, je tâcherai de compléter de vive voix.

VERNOIS, lisant.

« Votre associé est mort de la fièvre jaune... au moment
» où sa vie était plus que jamais nécessaire pour conjurer
» les désastres que la dernière crise financière vous avait
» fait éprouver, et qu'il avait cru devoir vous cacher. Votre
» présence seule peut sauver encore votre fortune... votre
» honneur compromis; mais il n'y a pas un instant à per-
» dre. » Oui, oui, il faut que je parte, il le faut! Partir? (A lui-même.) Mais ma femme? La laisser seule... loin de moi... Je verrai, je réfléchirai... je... mais non je n'ai pas le temps, je n'ai pas le droit de réfléchir... Ah!... pardon, monsieur, j'oublie que je vous dois au moins des remerciments pour la peine que vous avez prise... Mais j'ai la tête si troublée... puis ce départ... cette ruine à apprendre à ma femme... Vous m'excusez, n'est-ce pas, monsieur... vous m'excusez?

GASTON.

Je comprends, monsieur, le trouble dans lequel vous êtes, permettez-moi de me retirer. J'ai moi-même quelques affaires urgentes à terminer dans ce pays, que j'aurai bientôt quitté. Monsieur... (Il salue et sort par le fond.)

SCÈNE VI.

VERNOIS, seul.

Voyons, relisons encore... Peut être me suis-je exagéré... (Il relit des yeux.) Non, Dudley ne me laisse pas d'alternative possible... Il faut à tout prix que je parte; et si son avis personnel ne me suffit pas, je n'ai qu'à demander conseil au porteur de cette lettre; M. Gaston de Givré... Gaston de Givré!... Oui, c'est bien le nom de celui...

MADAME DE MILLY, de la coulisse.

C'est M. Vernois que je veux voir d'abord !

VERNOIS.

Madame de Milly!

SCÈNE VII.

MADAME DE MILLY, VERNOIS.

VERNOIS

Vous, madame, vous, chez moi!

MADAME DE MILLY.

Je suis accourue, monsieur; car cette fois, je le reconnais, oh! votre honneur n'a rien à craindre, mais votre bonheur est en danger.

VERNOIS.

Ah! vous savez donc que M. de Givré est revenu?

MADAME DE MILLY.

Oui, monsieur, et je voulais vous expliquer...

VERNOIS.

Quoi donc?... Mais c'est tout simple. Le noble gentilhomme ne pouvait épouser la fille de madame de Milly, et il est parti... Maintenant qu'il sait Juliette mariée... il revient... Oh! vous ne savez pas tout, madame... il revient, et moi je vais être obligé de partir.

MADAME DE MILLY.

Partir, vous!

VERNOIS.

Pour la Nouvelle-Orléans. Oui... il le faut... je dois aller disputer là-bas les lambeaux de ma fortune compromise, perdue, peut-être. Oh! M. de Givré le sait, lui, et compte bien sur mon départ.

MADAME DE MILLY.

Mais ce départ est impossible.

VERNOIS.

Impossible? (Voyant de loin venir Juliette sortant de son appartement, à gauche.) Tenez, (il remonte, laisse passer Juliette et prend le pas) votre fille elle-même va me le conseiller.

MADAME DE MILLY.

Elle...

SCÈNE VIII.

LES MÊMES, JULIETTE, entrant rapidement et allant à sa mère.

JULIETTE.

Quoi! ma mère, j'apprends que tu es ici depuis longtemps déjà et... Ah! mon Dieu!... cet air préoccupé... Et vous, monsieur, cette pâleur... Que se passe-t-il donc?

VERNOIS.

Lisez, Juliette. (Il lui donne la lettre que Gaston lui a remise.)

JULIETTE, surprise.

Qu'est-ce donc?

VERNOIS.

Lisez. (Juliette lit en silence.) Vous voyez ce qu'on m'annonce?

JULIETTE.

Et vous avez foi dans votre correspondant?

VERNOIS.

Oui. (Avec intention.) Que me conseillez-vous?

JULIETTE, vivement et rendant la lettre.)

Il faut partir.

VERNOIS, à part, avec colère jetant la lettre.

J'en étais sûr.

MADAME DE MILLY.

Juliette!

JULIETTE, simplement.

Il le faut, ma mère... (A son mari.) Quand partons-nous, monsieur?

VERNOIS, étonné.

Que dites-vous? Quoi!... vous voulez?

JULIETTE.

Votre honneur est en danger, et votre honneur est le mien... Nous n'avons pas de temps à perdre. Cette lettre n'admet ni délai ni retard. Avant une heure, je serai prête, monsieur, je serai prête...

* Vernois, Juliette, madame de Milly.

MADAME DE MILLY.

Bien, bien, ma fille.

JULIETTE.

Viens, ma mère! viens... (Elles sortent.)

SCÈNE IX.

VERNOIS, puis GASTON.

VERNOIS, seul.

Elle part avec moi!... librement, sans regrets... (Subitement.) Partir, elle!... Mais c'est impossible!... cet horrible fléau... Là-bas, c'est la mort!... mais ici... Oh! je ne doute plus d'elle, c'est une honnête femme... mais cet homme, il n'est revenu que pour la perdre; et je lui laisserais le champ libre... Oh! non, non... (Apercevant Gaston qui rentre par le fond.) Lui!..

GASTON.

Pardonnez-moi, monsieur, je viens de me souvenir que dans notre entretien, mon nom n'a pas été prononcé; vous pourriez croire que je voulais vous le cacher... il n'en est rien, et ce nom, c'est par moi que vous devez l'apprendre : Je m'appelle Gaston de Givré.

VERNOIS.

Je le savais, monsieur.

GASTON.

J'ai donc bien fait de revenir; car vous auriez pu croire que je voulais m'introduire chez vous clandestinement, ce qui n'est pas, monsieur!

VERNOIS.

En effet, monsieur; ce que je sais du passé me donne le droit de...

GASTON.

Le passé... nous n'avons à en rougir ni mademoiselle de Milly, ni moi. Non-seulement j'ai voulu épouser mademoiselle de Milly, il y a deux ans, mais, ignorant son mariage avec un autre, je n'étais revenu que pour lui offrir mon nom et ma main. J'ai écrit dans ces termes à madame de Milly une lettre qu'elle a dû recevoir il y a quelques jours.

VERNOIS, le regardant.

Vraiment, monsieur...?

GASTON.

Je vous l'affirme...

VERNOIS, haussant les épaules et se croisant les bras.

Eh bien! monsieur, madame de Milly est ici...

GASTON, froidement.

Tant mieux... Priez-la de venir, ou conduisez-moi près d'elle; madame de Milly a dû garder ma lettre, et cette lettre ne vous laissera plus le droit de douter.

VERNOIS, le regardant bien en face.

Vous avez raison, monsieur... Depuis un instant, je vous écoute, je vous regarde et je vous crois... Oui, mon doute était une insulte.

GASTON.

Vous ne m'avez pas insulté, vous aimez et vous êtes jaloux... J'ai compris cela, monsieur, et voilà pourquoi je suis revenu. Votre départ briserait douloureusement deux existences : la vôtre et celle de la femme qui porte votre nom. Tout vous attache ici; moi, rien ne m'y retient plus... Laissez-moi partir à votre place, je connais le pays, je connais vos affaires et je défendrai là-bas vos intérêts de mon mieux.

VERNOIS.

Vous?... vous me proposez de...

GASTON.

Oh! ne cherchez rien d'héroïque dans ce que je viens de vous dire; je vous le répète, je n'ai plus que faire ici, et vous donnerez un but à ma vie en me permettant de la rendre utile à quelqu'un...

VERNOIS, voyant entrer sa femme et sa belle-mère.

Monsieur,.. ma femme!

GASTON.

Madame Vernois!... je me retire, monsieur, et vais attendre que vous ayez décidé ce que...

VERNOIS, le retenant.

Restez, monsieur, je vous en prie...

SCÈNE X.

LES MÊMES, MADAME DE MILLY, JULIETTE; mouvement des deux femmes qui s'arrêtent à la vue de Gaston. *

VERNOIS, présentant Gaston.

Mesdames, je vous présente monsieur Gaston de Givré, (lui tendant la main) mon ami. (Mouvement de madame de Milly et Juliette.)

VERNOIS, passant entre Gaston et sa femme.

Monsieur de Givré me propose d'aller me remplacer à la Nouvelle-Orléans. Il y a là-bas un danger de mort... c'est vous dire que je ne puis vous emmener, Juliette... c'est vous dire, monsieur, que je ne puis accepter votre offre... Je partirai donc, et je partirai seul, j'irai défendre là-bas mon honneur de négociant, (à Juliette) et je vous laisserai le soin de défendre ici mon honneur de mari...

JUSTINE, entrant.

Madame est servie.

VERNOIS, à Gaston.

Monsieur de Givré, j'ai des renseignements à vous demander... Ne nous quittez pas encore... (Bas.) Cette heure qui va s'écouler sera peut-être la dernière que je passerai sous ce toit; pour cette heure-là, soyez mon hôte. (Désignant Juliette à Gaston, et s'adressant à sa belle-mère.) Votre bras, madame... (Vernois prend le bras de sa belle-mère, et fait signe à Gaston de prendre celui de sa femme.)

* Madame de Milly, Juliette, Gaston, Vernois.

FIN DU TROISIÈME ACTE.

ACTE QUATRIÈME

Un salon chez Vernois. Porte au fond, portes latérales. Une fenêtre donnant sur la rivière. A gauche, Gaston est assis près d'un guéridon, avec Beaupré qui tient un journal. Herminie regarde par la fenêtre de gauche.

—

SCÈNE PREMIÈRE.

MADAME DE MILLY, JULIETTE, HERMINIE, BEAUPRÉ, GASTON. (Au lever du rideau, Juliette et madame de Milly travaillent à l'aiguille autour d'un guéridon, à droite.)

BEAUPRÉ, lisant.

Nouvelles de la Chine... Ça, ça m'est égal... Ah! nouvelles du département... Tiens, l'histoire de votre duel tout au long...

GASTON.

Quoi! on s'est permis...

BEAUPRÉ.

Vous allez en juger... (Il s'apprête à lire. S'apercevant que sa femme regarde par la fenêtre.) Qu'est-ce que vous regardez donc par là, Herminie?

HERMINIE.

Moi, monsieur?... je regarde... dans la rivière, s'il y a des jeunes gens à qui je pourrais adresser un sourire, à travers la nuit et le brouillard... Êtes-vous content?...

BEAUPRÉ.

C'est juste, j'oubliais qu'il fait nuit et que cette fenêtre donne sur la rivière. (Haut.) « Il y a trois mois environ, un des grands propriétaires du département, monsieur V*** (on n'a mis que l'initiale, bien entendu, mais V*** veut dire Vernois) fut obligé de partir brusquement pour l'Amérique, où l'appelaient de graves intérêts. Un de ses voisins de campagne, monsieur R***, donna à entendre, dans une nombreuse réunion, que le départ de monsieur V***, sous prétexte d'affaires, n'était qu'une fuite habilement déguisée, et qu'on ne le reverrait jamais. En sa qualité d'ami d'un absent, monsieur de G*** se vit forcé à demander à monsieur R*** raison de ses paroles. Le duel eut lieu à peu de distance du château de Villers, et monsieur de G***, blessé très-grièvement, dut y être transporté sur-le-champ. On avait désespéré jusqu'ici de l'état du blessé ; mais nous avons la satisfaction d'apprendre à nos lecteurs qu'il est maintenent hors de danger... » (Juliette et sa mère se regardent avec inquiétude.) Je ne vois rien dans cet article qui ne soit... (Regardant d'un air ébahi Gaston qui vient de se lever, et qui a fait quelques pas.) Eh bien? qu'est-ce qui vous prend donc?... Comment, vous vous levez, vous marchez, quand le médecin vous a défendu expressément...

GASTON.

Je me sens beaucoup mieux, docteur... je me sens bien, et comme je vais partir, j'ai voulu essayer...

BEAUPRÉ.

Vous allez partir?... Ah! non, par exemple... Ce serait une imprudence, une folie que je ne puis permettre...

GASTON.

N'insistez pas, monsieur, ce serait inutile... et soyez assez bon pour me faire préparer une voiture.

BEAUPRÉ.

Que je...

GASTON.

Je vous en prie...

BEAUPRÉ.

J'y vais... mais je déclare que c'est absurde!...

SCÈNE II.

LES MÊMES, moins LE DOCTEUR et BEAUPRÉ *.

HERMINIE.

Mon mari a raison, monsieur, vous ne pouvez songer encore...

GASTON, appuyé au dossier de son fauteuil.

Je ne suis resté que trop longtemps déjà, madame... J'ai

* Gaston, Herminie, madame de Milly, Juliette.

pu recevoir une hospitalité dont je n'avais pas conscience, j'ai pu retarder longtemps un départ... impossible; mais du moment que j'ai assez de force pour pouvoir me tenir debout et faire un pas en avant, vous devez comprendre, madame, que ma place n'est pas ici...

HERMINIE.

Mon Dieu! je comprends bien votre pensée; mais ce n'est pas pour quelques jours de plus...

GASTON, debout.

Le jour où une chronique m'a proclamé hors de danger doit être le jour de mon départ...

HERMINIE.

Juliette, dis donc à M. de Givré que tu t'opposes...

JULIETTE.

M. de Givré a généreusement exposé ses jours pour défendre l'honneur de mon mari. Quand on l'a apporté ici mourant, quand on désespérait de le sauver, je n'ai songé qu'à le secourir; mais aujourd'hui, qu'il croit pouvoir nous quitter, je ne peux pas, je ne dois pas le retenir.

MADAME DE MAILLY, à sa fille.

Bien.

HERMINIE.

Mais c'est de la cruauté!

MADAME DE MILLY.

Herminie!...

GASTON.

Oh! n'accusez pas madame. Quand ma faiblesse ne me permettait plus ni d'agir ni de parler, je pouvais encore voir madame pleurer à mon chevet, je pouvais encore l'entendre prier pour moi. J'ai été trop payé du peu que j'ai fait, par ces prières et par ces larmes. (Il fait quelques pas.) Vous voyez... j'ai retrouvé mes forces... (Il chancelle. Juliette veut s'élancer vers lui. Sa mère la retient du geste.)

HERMINIE, le soutenant.

Oui, elles sont jolies, vos forces. Allons, appuyez-vous sur moi, monsieur l'entêté. (Elle lui donne le bras et se dirige vers la droite avec Gaston.) — Appuyez ferme... allez, ne faites pas le fier. (Près de la porte à droite.) Dieu! si M. Beaupré était là!... (Elle sort par la droite avec Gaston.)

SCÈNE III.

MADAME DE MAILLY, JULIETTE. (Juliette est assise immobile, la tête penchée sur sa poitrine. — Un temps de silence.)

MADAME DE MAILLY, s'approchant d'elle.

Du courage, mon enfant. (Juliette dit : Oui de la tête, avec un sourire désolé. — Nouveau silence.)

MADAME DE MILLY.

Tu souffres ? (Juliette lève les yeux au ciel en soupirant.) L'hospitalité que nous avons dû donner à M. de Givré a été un grand malheur pour ton repos, je le comprends, ma fille, et je te connais assez pour être certaine que tu es heureuse de son départ.

JULIETTE, avec effort.

Oui.

MADAME DE MILLY.

Son absence te rendra peu à peu le calme et la tranquillité.

JULIETTE, de même.

Oui... ma mère...

MADAME DE MILLY.

Et bientôt le retour, la présence de ton mari (mouvement de Juliette), de ton mari qui t'aime... qui te l'a prouvé par sa confiance... ce retour achèvera de te rendre à toi-même, n'est-ce pas ?

JULIETTE, retenant ses larmes.

Oui... ma mère... (Herminie revient.)

MADAME DE MILLY.

Eh bien ! comment se trouve-t-il en ce moment ?

HERMINIE.

Un peu mieux.

MADAME DE MILLY.

Et pensez-vous qu'il ait assez de force.....?

HERMINIE.

Assez de force réelle, j'en doute; mais assez de fièvre et de volonté, je vous en réponds. C'est égal, à votre place, je l'aurais retenu. M. Vernois, s'il était ici, n'aurait pas eu,

* Herminie, madame de Milly, Juliette.

j'en suis sûre, le courage de le laisser partir ainsi. Et puis, vous n'étiez pas seules avec M. de Givré! Mon mari et moi, nous avons compris tout ce qu'il y avait de délicat dans votre position, et nous ne vous avons pas quittées un jour, une minute. Dans tout ce qui s'est passé ici, M. Beaupré lui-même ne trouverait pas un reproche à faire à personne, et M. Vernois... n'est pas M. Beaupré.

MADAME DE MILLY. (Elle se lève.)

M. Vernois est absent. Tout est dans ce mot. Il est tard, Juliette... et tu ne dois plus revoir M. de Givré. (Elle prend Juliette sous le bras et remonte au fond. Herminie se dirige vers la porte de droite.)

JULIETTE, seule, s'appuie sous l'embrasure de la porte.)

Vous avez raison...

HERMINIE.

Bonsoir, Juliette.

MADAME DE MILLY, bas, en la reconduisant au fond.

Du courage, ma fille. (Juliette dit : Oui, par un signe de tête. Madame de Milly et Herminie sortent par la droite.)

SCÈNE IV.

JULIETTE, seule. Elle reste quelque temps immobile dans le fond.

Du courage.... Ah! je n'en ai plus. Non, j'ai beau faire, je n'en ai plus. C'est en vain que je veux lutter contre cet amour, que j'en veux chasser la pensée... Cette pensée ne me quitte plus, elle m'envahit, elle m'obsède, elle me rend folle!... (Elle tombe assise sur la chaise placée à la porte à droite.) Pendant longtemps, l'idée que je n'étais pas coupable, que je ne le serais jamais, cette idée m'a donné quelque repos.... Insensée!... (Elle se lève.) Est-ce que celle qui trompe son mari est la seule coupable?... Celle dont le cœur, dont l'âme sont à un autre, celle-là est coupable aussi!... Oh! oui, je le sens bien à mes terreurs, aux remords qui me déchirent. Et si je souffre ainsi lorsque mon mari n'est pas près de moi, que sera-ce lorsque sa présence... et il va revenir... il revient... j'en suis sûre. (Regardant du côté par lequel Gaston est sorti.) Et je le chasse, lui qui se soutient à peine.... Je le chasse pour sauver ma réputation, et cet effort va le tuer peut-être... Avec lui, c'est ma vie qui s'en va, et il me quittera sans savoir que je l'aimais autant qu'il m'aime... Si... il le saura... Je ne veux pas le revoir, mais il saura qu'après lui avoir dit de partir, je n'ai pas pu survivre à son départ. Je n'ai pas le droit de vivre avec mon amour, mais j'ai bien le droit de... (Elle court vers la fenêtre à gauche, qu'elle ouvre violemment.)

GASTON, entrant de droite et arrêtant Juliette de la voix.

Juliette !

JULIETTE.

Lui ! (Elle referme vivement la fenêtre.)

SCÈNE V.

JULIETTE, GASTON.

GASTON.

Pourquoi aviez-vous ouvert cette fenêtre ?

JULIETTE.

Vous vous trompez...

GASTON.

Je vous ai vue...

JULIETTE.

Oui... en effet; on étouffe ici.

GASTON.

Et pourquoi l'avez-vous refermée si vite ?

JULIETTE.

Mais... je ne sais.

GASTON.

Oh ! je le sais, moi !... Est-ce que je ne sais pas lire sur votre visage, dans votre âme, comme vous savez lire dans ma pensée ? Juliette, vous vouliez mourir !

JULIETTE.

Eh bien ! oui, je veux mourir; non pour échapper au déshonneur, à la honte; je ne crains rien, Gaston, ni de vous, ni de moi ! mais je ne veux pas faire le malheur de mon mari en lui avouant que je ne l'aime pas, que je ne peux pas l'aimer; je ne veux pas non plus faire de sa vie une erreur et de la mienne un mensonge de tous les instants. D'ailleurs, en eussé-je la volonté, cette horrible comédie, je ne serais pas de force à la jouer.

GASTON.

Vous n'avez pensé qu'à vous, Juliette ; vous croyez donc que ma vie est possible, à moi ? J'ai fait un rêve merveilleux ; j'ai rêvé que j'étais aimé d'une jeune fille, la plus pure des femmes, et que j'en allais faire la compagne de ma vie. Mais, je vous l'ai dit, ce n'était qu'un rêve. A mon réveil, celle que j'aimais, celle qui m'aimait appartenait à un autre, et je n'avais pas le droit de la maudire, et j'étais forcé de souhaiter qu'elle aimât cet homme, afin de pouvoir être heureuse un jour... Heureuse par lui, Juliette ! (Avec des pleurs de rage.) Comprenez-vous à votre tour que tout cela est infernal, que tout cela est impossible ? (Ici madame de Milly paraît à gauche.)

JULIETTE.

Oh ! oui, c'est horrible !

GASTON.

Et vous n'avez pas autre chose à me répondre ?

JULIETTE, lui tendant la main.

Mourons, mon ami.

SCÈNE VI.

LES MÊMES, MADAME DE MILLY*.

MADAME DE MILLY.

Cette pensée-là est d'une mauvaise fille ; et vous croyez que c'est d'une honnête femme ?... (Juliette tombe assise près du guéridon de gauche et Gaston près de celui de droite.) Vous vous trompez, Juliette ; une pareille mort serait un scandale aussi funeste à l'honneur de votre mari qu'une existence coupable.

JULIETTE.

Vous avez raison, ma mère, je n'ai pas le droit de mourir avec lui ; mais j'ai trop lutté, voyez-vous, et je ne peux plus vivre ainsi !... Oh ! je sais d'avance toutes les sages paroles que votre âme chrétienne va vous dicter ; mais je sais aussi que vous faites plus de cas de l'honneur que de la vie, et...

MADAME DE MILLY.

Et tu n'es pas coupable !...

* Juliette, madame de Milly, Gaston.

JULIETTE, se levant.

Non; mais je pourrais le devenir, ma mère. Aujourd'hui, je ne suis que malheureuse, et j'ai dit : Mourons! Un jour, peut-être, je serais folle et je dirais : Fuyons !...

MADAME DE MILLY, après un temps.

Vous ne le direz pas, ma fille, et vous vivrez... Vous ignorez les tortures, les angoisses qui peuvent être le châtiment d'une faute. Écoutez-moi tous deux ; il le faut. Après avoir lutté longtemps contre une passion fatale, insensée, une jeune femme... de mes amies... crut trouver au moins l'oubli de ses souffrances dans le délire d'un amour coupable... Un soir, celui qu'elle aimait l'attendait dans le parc du château... Elle veut sortir de chez elle... sa porte est fermée... On avait tout découvert. Elle veut du moins sauver son complice... De sa fenêtre, elle lui crie de s'enfuir... Il était trop tard. Deux hommes étaient là, qu'elle ne voyait pas, mais dont elle entendait la présence au choc furieux de deux épées. Quand elle reprit connaissance, son mari était auprès d'elle. C'était un gentilhomme plus jaloux encore de sa considération que de son honneur. Quand sa femme se traîna à ses pieds, le suppliant de la tuer aussi.. il la releva froidement, lui disant qu'elle avait eu la fièvre, qu'elle avait encore un peu de délire, et qu'il ne comprenait rien à ses paroles. Et jamais il ne reparla de cette nuit fatale; mais c'étaient sans cesse des allusions, des regards plus accablants que les plus durs reproches. Puis, en public, c'étaient des soins, des éloges, des témoignages d'amour, de confiance et de respect plus insultants encore que la surveillance humiliante dont, pendant vingt ans, il entoura sa victime. Car ce supplice dura vingt ans, ma fille; et ce supplice, maintenant que je te l'ai révélé, je suis tranquille, tu ne t'y exposeras pas.

JULIETTE. (Elle se lève.)

Oh! non, ma mère, non, je vous le jure.

MADAME DE MILLY.

Et... tu vivras, ma fille ?... Tu ne réponds pas? il faut m'en faire le serment... je le veux...

JULIETTE.

Oh! par pitié, n'exigez pas...

MADAME DE MILLY.

Je n'exige plus rien, ma fille... Je ne vous ai pas dit que cette femme était mère; elle avait une fille. L'époux outragé, ce juge impitoyable avait deviné que l'injure à laquelle la pauvre femme fût le plus sensible était l'éloignement où il la tenait de sa fille... et implacable jusqu'aux portes du tombeau, avant de mourir, il voulut la marier à tout prix. (Mouvement de Juliette.) Il la maria... à un galant homme... mais que la pauvre enfant n'aimait pas...

JULIETTE, commençant à comprendre.

Ma mère...

MADAME DE MILLY, continuant froidement.

Peut-être à force de soins, de bontés pour elle, cet homme eût-il réussi à vaincre l'indifférence de sa femme... Il avait déjà commencé... lorsqu'un hasard fatal lui révéla le secret du passé. Alors il devint méfiant, soupçonneux... et son bonheur, celui de sa femme, qui n'était encore que compromis, fut à jamais perdu. (Mouvement de Gaston et de Juliette.) Pourquoi la pauvre enfant a-t-elle été mariée contre son gré? Pourquoi son repos est-il devenu impossible? Parce que sa mère a été coupable. Et si, dans son malheur, dans son désespoir, elle en vient au suicide, qui sera responsable de sa mort devant sa conscience et devant Dieu?... La pauvre mère, qui a bien souffert déjà, pourtant, qui avait cru avoir épuisé toutes les humiliations, toutes les hontes, et qui n'avait pas prévu la plus cruelle de toutes : celle d'une mère forcée de rougir devant son enfant!

JULIETTE, tombant à ses genoux.

Ma mère!

GASTON*, à madame de Milly.

Pardonnez-moi aussi, madame; dans mon désespoir égoïste, j'avais tout oublié. Juliette doit vivre, et elle vivra. Je vous promets de ne chercher l'oubli du passé que dans un éternel exil : ne craignez donc plus rien de l'avenir. On me trouvera prêt pour le départ. Que Dieu vous donne le bonheur, à vous, Juliette, qui m'avez aimé. A vous, madame, qui avez tant souffert. (Il sort par la droite.)

* Juliette, madame de Milly, Gaston.

SCÈNE VII.

JULIETTE, MADAME DE MILLY, *puis* VERNOIS.

(Un temps de silence, madame de Milly reste la tête baissée.)

JULIETTE, se jetant dans les bras de sa mère.

Ma mère... (Les deux femmes restent longtemps embrassées.)

JULIETTE*.

Console-toi, chère mère bien-aimée, tu n'auras pas fait le malheur de ta fille. Non, tu lui as rendu, au contraire, la force et le courage. Que sont donc mes douleurs auprès de tes tortures? Regarde-moi, ma mère... Gaston va partir, partir pour toujours... Vois mes yeux... je ne pleure pas. Mon mari va revenir... Prends ma main, je ne tremble pas. Oh! C'est que je suis sûre de moi, à présent.

VERNOIS**, qui vient d'entrer, son manteau sur le bras.)

Bonjour, Juliette.

JULIETTE.

Lui... (Tâchant de se remettre.) Vous, monsieur?...

VERNOIS, gaiement.

Oui, moi qui reviens vainqueur de la fièvre jaune et de la procédure américaine, moi qui ai voulu vous surprendre, vous et madame, qui, je le vois, vous a fait bonne et fidèle compagnie. Je l'en remercie. Eh bien! Juliette, voilà trois grands mois que nous ne nous sommes vus, et vous n'avez rien à me dire?

JULIETTE.

Oh! pardonnez-moi, monsieur, je suis heureuse, croyez-le, de votre retour. (A sa mère.) Mon Dieu, comment lui dire que...

MADAME DE MILLY, bas.

On a dû l'instruire déjà. (Haut.) Vous avez vu Justine, ou Pierre, n'est-ce pas?

VERNOIS.

Non, je suis monté par le petit escalier, afin de m'annoncer moi-même.

* Juliette, madame de Milly.

** Vernois, Juliette, madame de Milly.

MADAME DE MILLY, à part.

* Il ne sait rien.

VERNOIS.

Je vous dirai tout à l'heure le résultat de mon voyage, résultat heureux, grâce à ma présence là-bas. Mais permettez-moi de me débarrasser d'abord de tout cet attirail. (Il se dirige vers la chambre de droite dans laquelle Gaston vient d'entrer. Mouvement des deux femmes. Vernois fait un pas de plus.)

JULIETTE

Arrêtez!

VERNOIS.

Pourquoi donc? N'est-ce pas là mon appartement?

MADAME DE MILLY.

Oui, mais en ce moment...

VERNOIS.

Il y a quelqu'un chez moi?

MADAME DE MILLY.

Monsieur et madame Beaupré sont ici.

VERNOIS.

Très-bien.

MADAME DE MILLY.

Puis une autre personne dont la présence a besoin d'être expliquée.

VERNOIS.

Ah!... et cette personne?

MADAME DE MILLY.

C'est...

GASTON, paraissant à la porte de droite.*

C'est moi, monsieur.

VERNOIS.

Vous... monsieur, vous!

MADAME DE MILLY.

Quand vous saurez...

VERNOIS, passant près de Gaston.

Je sais, madame, que monsieur de Givré devait quitter le pays presque en même temps que moi. Je sais qu'il m'a fait un serment que je ne lui demandais pas, le serment de ne

* Juliette, madame de Milly, Vernois, Gaston.

plus revoir Juliette... et je la retrouve... ici, chez moi, et vous voilà tous pâles et tremblants. Qu'ai-je encore à apprendre, madame?... Et je revenais confiant comme j'étais parti, confiant dans votre loyauté à tous... votre loyauté à vous qui m'avez tous trompé, tous menti!... Ah! ah! imbécile que j'étais!

BEAUPRÉ, * du fond.

La voiture est arrivée. (S'arrêtant.) Monsieur Vernois...

VERNOIS, qui ne l'a pas entendu, et allant prendre sur la caisse de gauche ses pistolets.

Oh! mais, je chasserai... je tuerai cet homme! (Il s'élance sur Gaston, qui, appuyé sur le dossier d'un fauteuil, se soutient à peine.)

JULIETTE, MADAME DE MILLY.

Ah! monsieur, monsieur!!!

BEAUPRÉ s'élançant entre Vernois et Gaston.

Ne le touchez pas, mordieu! ne le touchez pas!

VERNOIS.

Monsieur Beaupré, vous serez mon témoin!

BEAUPRÉ.

Vous voulez vous battre avec monsieur de Givré. Mais vous ne savez donc pas...?

VERNOIS.

Je sais qu'il est chez moi!

BEAUPRÉ.

Et savez-vous comment il y est? De votre départ on a voulu faire une fuite, et monsieur de Givré, l'épée à la main, a défendu votre honneur. Le duel a eu lieu à l'entrée du bois; monsieur de Givré a été frappé en pleine poitrine; impossible de le transporter à la ville, il n'y serait pas arrivé vivant; et c'est moi, entendez-vous, c'est moi qui n'ai pas voulu laisser mourir à votre porte celui qui venait de risquer sa vie pour vous.

VERNOIS, avec surprise.

Pour moi!

GASTON, s'avançant.

Vous m'aviez appelé votre ami, monsieur, vous m'aviez confié votre honneur, et je m'en suis souvenu.

* Juliette, madame de Milly, Vernois, Beaupré, Gaston.

BEAUPRÉ.

Aujourd'hui seulement, monsieur de Givré peut se tenir debout; on ne vous attendait pas, et pourtant, malgré le médecin, malgré moi, oui, malgré moi, il a voulu partir.

GASTON. Musique à l'orchestre.

Et je pars. Si pourtant, monsieur, vous ne doutez pas de ce qu'on vient de vous dire. (Moment de silence. A Juliette et à madame de Milly.) Merci de vos bons soins, mesdames. Votre bras, monsieur Beaupré, car je suis encore un peu faible. (Il s'éloigne lentement par le fond avec Beaupré. Vernois, qui avait fait un mouvement comme pour le retenir, tombe sur la chaise placée près de la table de droite. Juliette va à lui*.)

VERNOIS.

Oh! pardonnez-moi, Juliette. (A madame de Milly.) Pardonnez-moi, madame.

JULIETTE, partant.

Celui qui souffre a le droit d'être injuste, et par moi, à cause de moi, vous avez bien souffert, monsieur; mais je vous le jure, les pensées qui auraient pu porter atteinte à votre repos, à votre bonheur, ma mère les a étouffées à jamais dans mon âme. Elle a fait de moi une autre femme, une femme qui veut être... qui sera heureuse dans son ménage. Cette femme, vous la trouverez toujours attentive et dévouée, et ce ne sera pas une esclave résignée, non, mais une compagne qui vous aimera, qui veut vous aimer. (Elle lui tend la main et sort par la droite avec sa mère.)

SCÈNE VIII.

VERNOIS seul, se levant. Après avoir regardé longtemps la porte de droite, par où sa femme vient de sortir.

Pauvre enfant! comme elle lutte! comme elle doit souffrir! Lui aussi. Ils n'ont pourtant pas mérité leur malheur. Quelle chose étrange que la vie! Si la destinée ne m'eût point jetée sur leur route, ils seraient heureux. Heureux... Ils pourraient l'être encore... Et moi, je ne le peux plus.—

* Madame de Milly, Juliette, Vernois.

Ah! pourquoi le fléau qui sévissait là-bas, et qui frappait au hasard... Le hasard... (Il regagne la table sur laquelle il a déposé ses pistolets.) Mais la volonté peut y suppléer au besoin. (Il prend un pistolet.) Et je ne veux pas que Juliette soit malheureuse, non, ce n'est pas juste! (Il arme le pistolet, s'arrête et semble réfléchir.) Mais elle devinera la vérité; elle s'accusera de ma mort, et mon but ne sera pas atteint. (Il réfléchit.) C'est cela; il faut tromper Ju liette... il faut tromper tout le monde. Et alors... le temps sera venu. (Juliette parait.) Juliette!!! (Il prend la gauche de la table. Il y a un fauteuil de chaque côté. Juliette s'assied à la droite du guéridon, et commence à travailler à une tapisserie. Vernois, qui l'a regardée avec étonnement.) Que faites-vous?

JULIETTE.

Vous voyez, je commence. Essayons, mon ami. (Elle lui désigne l'autre fauteuil et lui tend le journal.)

VERNOIS, avec un sourire de doute.

Soit, essayons. (Il s'assied en face d'elle.)

JULIETTE, travaillant.

Racontez-moi votre voyage.

FIN DU QUATRIÈME ACTE.

ACTE CINQUIÈME

Un pavillon isolé dans le parc chez M. Vernois, un guéridon sur lequel a été servi un thé. Au lever du rideau, Juliette est au piano à droite et joue un air de valse.

—

SCÈNE PREMIÈRE.

VERNOIS et JULIETTE, assise au piano.

VERNOIS, assis au guéridon.

Elle est charmante cette valse.

JULIETTE.

Vous trouvez ?...

VERNOIS, gaiement.

Continuez donc, je vous en prie. (Il s'est levé et est allé près du piano et fredonne l'air que Juliette joue. Pendant la reprise de la valse un domestique est entré et a enlevé le guéridon.)

JUSTINE, arrivant en courant.

Madame! madame! (Elle prend la chaise restée sur la scène et la porte au fond.)

JULIETTE.

Que me voulez-vous?

JUSTINE.

Madame n'a pas entendu?

JULIETTE.

Quoi donc?...

JUSTINE.

Cette voiture qui vient d'entrer dans la cour.

JULIETTE.

Non! (Subitement.) Quelle heure est-il donc?

VERNOIS, regardant à sa montre.

Midi.

JULIETTE.

Déjà midi! mais alors c'est...

JUSTINE.

Madame de Milly, qui arrive à Paris.

JULIETTE, passant au milieu.

Ma bonne mère!... je vais donc pouvoir l'embrasser! ah! mon ami, que je suis heureuse!

SCÈNE II.

VERNOIS.

C'est bien Juliette qui s'éloigne, vive et joyeuse; Juliette autrefois triste toujours. Essayons de la vie, me disait-elle; et je répétais après elle : — Essayons; — mais mon parti est bien arrêté, je voulais mourir pour la faire libre, puisque je ne pouvais pas la faire heureuse. Mais je voulais aussi que personne ne pût attribuer mon suicide au désespoir. Je voulais qu'on me crût heureux... pour cela je m'étais résigné à vivre trois mois et à jouer pour tous cette comédie du bonheur. Le temps a marché, et je n'ai pas eu le courage d'en finir. Juliette n'était plus la même : je l'avais autorisée à garder sa mère auprès d'elle, elle l'a laissée partir, et n'a pas craint de rester seule avec moi, et cette solitude n'a pas paru lui peser. Quand, le matin, dans nos promenades, le soir à notre foyer, je vois Juliette calme et souriante, je me reprends à la vie... et pourtant, Juliette joue peut-être le même rôle que moi. Si ce calme apparent n'était qu'un généreux mensonge, si sa pensée était encore à un autre... Mais comment le savoir?... (Juliette et sa mère entrent par la gauche.)

SCÈNE III.

JULIETTE, MADAME DE MILLY, VERNOIS.

JULIETTE à Justine, arrivant par le fond avec sa mère.

Justine, portez tout cela dans la chambre de ma mère. (Justine sort, emportant les cartons. A sa mère.) Voici mon mari.

VERNOIS, allant à madame de Milly et lui prenant les mains.)

Soyez la bienvenue, madame. Oh! donnez-moi votre main, c'est cordialement que je vous tends la mienne, ma mère.

MADAME DE MILLY, lui donnant la main.

Mon ami!...

VERNOIS.

A la bonne heure! du passé nous ne garderons que les bons et doux souvenirs, le reste est effacé. (A Juliette.) Chère amie, il faudra songer à votre toilette, j'attends du monde.

JULIETTE.

Des étrangers?...

VERNOIS.

Oui, quelques voisins avec qui j'ai organisé une partie de chasse dans le parc réservé; mais j'attends surtout des amis, que vous serez heureusede re voir; monsieur et madame Beaupré, monsieur et madame Morin; ils étaient près de vous le jour de notre mariage, j'ai voulu qu'ils fussent près de vous pour en fêter l'anniversaire.

JULIETTE.

Vous avez eu là une excellente idée.

VERNOIS.

N'est-ce pas?

JUSTINE, entrant.

La grande calèche est attelée.

VERNOIS.

Très-bien; je vais aller chercher ces dames à la station. (A madame de Milly.) Vous me pardonnez de vous quitter sitôt, madame, mais à présent que vous nous êtes revenue, nous comptons vous garder. A tout à l'heure, Juliette; j'ai hâte de vous voir entourée de tous ceux qui vous aiment (Il sort.)

SCÈNE IV.

JULIETTE, MADAME DE MILLY.

MADAME DE MILLY.

Est-ce bien M. Vernois qui me parle avec cette bonté?...

JULIETTE.

Oh! mon mari est redevenu pour toi ce qu'il était jadis, c'est lui qui m'a pressée de t'écrire de venir à Villers.

MADAME DE MILLY.

Lui!...

JULIETTE.

Et sais-tu pourquoi moi, ta fille, je t'avais laissée partir? J'ai voulu, bonne mère, que cet aveu, qui avait dû tant te coûter, ne fût pas perdu; j'avais recueilli précieusement chacune de tes larmes... Bien résolue à vivre désormais pour mon mari, je me suis d'abord appuyée sur toi pour essayer mes forces; puis, quand je me suis crue assez ferme dans ma résolution, j'ai voulu rester seule à lutter contre mon cœur et pour mon devoir. Comme s'il m'avait devinée, M. Vernois m'a rendu la tâche facile; c'était un ami dévoué, patient, toujours prêt à tendre la main à ma faiblesse; si je pouvais t'exprimer tout ce qu'il y avait de douceur dans les regards qu'il attachait sur moi! ces regards semblaient me dire : Tu luttes et tu souffres... courage, pauvre femme! courage! D'abord, M. Vernois sortait seul, toujours, comme s'il craignait de m'imposer sa présence. La première fois qu'il sentit mon bras se poser sur le sien... ah! si tu avais vu sa joie! Le matin, nous faisions de longues promenades dans ces belles campagnes qui nous entourent; le soir, nous causions de toi, ma mère, puis de l'avenir. Enfin, si ce n'est pas encore le bonheur que tu trouves ici, c'est au moins le calme; et ce calme, après Dieu, c'est toi qui me l'as donné oui, toi, ma mère bien aimée. (Elle l'embrasse.)

MADAME DE MILLY.

Chère enfant! oh! mais, dis-moi bien que tu ne cherches pas à tromper ma tendresse.

VERNOIS, à la cantonade.

Par ici, mesdames ; vous trouverez Juliette et sa mère au petit pavillon.

SCÈNE V.

LES MÊMES, HERMINIE, MARGUERITE, VERNOIS, puis BEAUPRÉ, MORIN.

JULIETTE, allant au-devant.

Mes chères amies...

HERMINIE ET MARGUERITE ensemble.

Juliette! (Elles s'embrassent.)

VERNOIS.

Je n'ai pas eu besoin d'aller à la station.

HERMINIE.

Ne vous trouvant pas là à notre arrivée, nous n'avons pas voulu différer le plaisir de t'embrasser, et nous avons pris la première voiture venue. (*A madame de Milly.*) Bonjour, chère madame ; à présent permettez-moi de rire tout à mon aise.

MADAME DE MILLY.

De qui?

HERMINIE.

De nos maris.

VERNOIS.

En effet, où sont-ils donc?

HERMINIE.

Sur la grande route... par le soleil et la poussière ; ils viennent à pied.

JULIETTE.

Comment, à pied?

VERNOIS.

Mais votre voiture ?

HERMINIE.

Oh! elle est grande, je le reconnais; mais quand nous y avons eu placé nos cartons, nos boites et nos cages, il n'y aurait pas tenu un écureuil; ces messieurs se sont exécutés de bonne grâce... ils arpentent votre chemin vicinal, qui est affreux.

MARGUERITE, *inquiète.*

Et Eugène qui ne peut pas supporter la chaleur.

HERMINIE.

Pauvre petit! (*A Vernois.*) Votre lettre est arrivée à temps, mon cher monsieur Vernois, nous allions partir pour Arcachon; mais mon mari a vite donné la préférence au château de Villers. Il avait ses raisons. (*A Juliette.*) M. Girandot est à Arcachon.

JULIETTE.

Et toi, Marguerite, ton mari a donc pu obtenir un congé de son chef de bureau ?

MARGUERITE.

Oh! très-facilement; car son chef de bureau, c'est lui.

JULIETTE.

Quoi! Il a pu avancer si rapidement?

MARGUERITE.

Oui, il est arrivé par l'intrigue.

VERNOIS.

Lui?

MARGUERITE.

Par les femmes.

JULIETTE.

Comment?

MARGUERITE.

Par la sienne, par moi.

JULIETTE.

Par toi, Marguerite?

MARGUERITE.

Eugène, qui est très-timide et trop modeste, n'osait pas demander un avancement auquel il avait tous les droits. Alors, un beau matin, j'ai pris mon courage à deux mains, et je suis allée trouver M. Dupuis, son chef de bureau. J'ai présenté ma requête à ce monsieur, j'ai fait valoir de mon mieux les titres de mon mari... « Le meilleur titre de M. Morin à ma protection, me dit-il, c'est sa femme, dont la grâce et la beauté sont irrésistibles. — Ainsi, monsieur, mon mari peut espérer? — Certainement. — Ah! monsieur, croyez que sa reconnaissance... — Eh! que ferais-je de la reconnaissance de M. Morin? La seule que j'ambitionne, c'est la vôtre, madame. — Oh! monsieur, vous ne pouvez douter... » Mais alors ce monsieur que je trouvais si bon, si gracieux, me fit *entendre* ce qu'il *entendait* par ma reconnaissance. Pour toute réponse, j'allais me retirer en pleurant d'indignation, quand le directeur de la compagnie entra. « Vous sortez, madame, me dit-il en se découvrant. — Oui, monsieur, je viens de m'apercevoir, un peu tard, que ma place n'est pas ici. — Pourquoi donc, madame? votre présence est toute naturelle dans le cabinet de *votre* mari. M. Dupuis m'ayant envoyé tout à l'heure sa démission, que j'ai acceptée, j'ai confié son poste à M. Morin. Vous voyez donc bien, madame, que vous êtes ici chez vous et que ce n'est pas à vous de sortir. » Et voilà comment mon Eugène est devenu chef de bureau, par les intriges de sa femme!

JULIETTE, l'embrassant.

Chère petite !...

MARGUERITE.

Mon Dieu ! mon Dieu ! Eugène qui n'arrive pas !... Si encore il avait pris mon ombrelle... ce soleil est dévorant.

HERMINIE.

Rassure-toi ; il ne nous a pas tout à fait mangé nos maris, le soleil ! Tu vois qu'il reste encore quelque chose à ces messieurs. (Morin et Beaupré viennent de paraître au fond.)

MORIN ET BEAUPRÉ, saluant.

Mesdames, monsieur Vernois...

VERNOIS.

Bonjour, messieurs.

MARGUERITE, essuyant le front de son mari.

Comme tu as chaud, mon pauvre chéri !

MORIN.

Mais non, mais non... pas devant le monde.

VERNOIS.

Messieurs, vous savez que je vous garde au moins quinze jours.

HERMINIE, avec intention, à son mari, appuyé sur le dossier du canapé de gauche.

Et notre voyage à Arcachon ?

BEAUPRÉ.

Arcachon ?... Nous n'irons jamais à Arcachon... J'accepte, mon cher Vernois.

VERNOIS.

Juliette, nous allons conduire madame Morin dans l'appartement que je lui ai fait préparer. Quant à madame Beaupré...

HERMINIE.

Vous nous donnez toujours la même chambre ?

BEAUPRÉ.

La chambre jaune ?

VERNOIS.

Toujours.

BEAUPRÉ.

Nous la connaissons. (Bas à sa femme.) Restez, je le veux.

HERMINIE.

Hein ?

BEAUPRÉ.

J'ai à vous parler. (Aux autres qui sortent.) Nous vous suivons.

SCÈNE VI.

BEAUPRÉ, HERMINIE.

HERMINIE.

Ah çà ! je ne reconnais plus le ménage Vernois... Juliette est presque gaie et son mari est redevenu charmant... Il n'est donc plus jaloux ?

BEAUPRÉ.

Jaloux !... De qui serait-il jaloux ? M. Gaston est parti pour la Louisiane, en jurant de ne plus revenir... Tandis que M. Giraudot n'est qu'à Arcachon, lui !

HERMINIE.

Et on revient d'Arcachon... et M. Giraudot est en route.

BEAUPRÉ.

Pour revenir ?... Déjà !... Et comment le savez-vous ?

HERMINIE.

Il me l'a écrit.

BEAUPRÉ.

Miséricorde ! vous êtes en correspondance !

HERMINIE.

Oh ! je n'ai pas encore répondu.

BEAUPRÉ.

Comment pas encore ? Vous ne répondrez pas ; je vous défends de... et d'abord, donnez-moi la lettre de M. Giraudot... mais vous allez me dire que vous l'avez brûlée.

HERMINIE.

Je ne mens jamais... la lettre est là.

BEAUPRÉ.

Sur votre cœur... donnez-la-moi.

HERMINIE.

Non.

BEAUPRÉ.

Prenez garde, madame... Je suis violent, vous le savez.

HERMINIE.

Vous me tueriez donc comme votre infortunée première ?

BEAUPRÉ.

Madame !

HERMINIE, montrant la lettre.

Voici la lettre... Allons, brisez-moi le poignet, monseigneur de Guise... Eh bien ! vous restez là, vous me regardez, et dans vos yeux il y a plus de chagrin que de colère. Convenez donc franchement que vous n'êtes qu'un faux Barbe-Bleue, heureusement pour vous. Cette lettre, que vous ne m'auriez pas prise, je vous la donne, mais à une condition, c'est que vous la lirez tout haut.

BEAUPRÉ.

Vous voulez vous repaître encore du style de M. Giraudot. Hum ! (Lisant.) « Madame, votre mari a cru nous séparer en » m'envoyant à Arcachon, où il savait ne pas devoir venir ; » mais il me retrouvera sur vos pas, demain, toujours. » Vous me résistez encore...» (S'arrêtant pour respirer.) Elle résistait ! (Reprenant.) « Parce que vous redoutez le sort de la » première madame Beaupré... » Hum ! « Rassurez-vous, » votre pacifique jaloux a inventé là un épouvantail conju- » gal. Beaupré n'a jamais été marié à la Jamaïque et n'a » jamais tué personne. Je vous en apporterai la preuve. » Oh !

HERMINIE, en se croisant les bras.

Ah ! vous n'avez jamais tué personne, monsieur !

BEAUPRÉ.

Je suis perdu !

HERMINIE, riant.

Vous êtes sauvé, au contraire ! Vous connaissez bien peu le cœur des femmes : vous oubliez que nous sommes filles d'Ève, et que le danger nous attire. Vos pistolets toujours menaçants me donnaient le vertige. Vous tromper, c'eût été mal, sans doute, mais c'était braver une menace, un péril. A présent, je sais que ce serait une lâcheté, et tout ce qui est lâche me révolte. Quand vous m'avez donné votre honneur à garder, j'ai juré qu'il n'y serait pas fait une tache, je me le suis juré à moi-même, et une honnête femme n'a que sa parole, comme un honnête homme...

BEAUPRÉ.

Chère Herminie, je ne suis qu'un sot ; mon moyen était

absurde, je le reconnais.... Tu vois si j'ai confiance... (Il l'embrasse. Vernois paraît au fond avec Juliette.)

HERMINIE, vivement.

Monsieur Beaupré, voilà du monde !

BEAUPRÉ.

Oh ! pardon ! (Il embrasse sa femme de nouveau.)

HERMINIE, riant et repoussant Beaupré.

Tenez-vous donc tranquille !

SCÈNE VII.

LES MÊMES, VERNOIS, JULIETTE.

VERNOIS.

Mes chers hôtes, nous venons, ma femme et moi, d'arrêter le programme de la journée. D'abord, chasse au bois ; au retour, grand dîner ; et ce soir, si nous sommes assez nombreux et si madame Beaupré veut se mettre au piano, on dansera.

HERMINIE.

Comptez sur moi. Mais je ne prévoyais pas qu'on s'amuserait tant que ça ici, et je n'ai pas apporté de toilette.

VERNOIS.

Oh ! à la campagne !

BEAUPRÉ.

En revanche, Morin et moi, nous avons apporté notre attirail de chasseurs, et je vais me mettre en tenue. Ah ! vos lapins n'ont qu'à bien courir ! (Il sort.)

JULIETTE, à Herminie.

J'ai ouvert un de tes cartons, et j'ai vu une robe rose charmante. Je m'offre pour te servir de femme de chambre, car Justine est allée chercher les journaux à la poste.

HERMINIE.

Très-bien. A mon tour, je remplacerai Justine auprès de toi ; car tu ne resteras pas en négligé, je suppose ?

JULIETTE.

Non, sans doute. Allons, viens ; tu tâcheras de me faire aussi jolie que toi... pour que je fasse honneur...

HERMINIE.

A tes invités ?...

JULIETTE, tendant la main à Vernois.

Et à mon mari. (Elles sortent par la porte de gauche. Vernois regarde avec ravissement Juliette, qui s'éloigne.)

SCÈNE VIII.

JUSTINE, VERNOIS.

VERNOIS, *l'appelant au moment où elle va entrer par la porte de gauche.*

Justine...

JUSTINE, *à part.*

Monsieur.

VERNOIS.

Vous venez de la poste ?

JUSTINE, *avec embarras.*

De la poste?... oui... oui, monsieur. (*Elle met vivement dans la poche de son tablier une lettre.*)

VERNOIS.

Rapportez-vous des lettres?

JUSTINE.

Non... non, monsieur, il n'y en avait pas.

VERNOIS, *la faisant redescendre en scène.*

Justine, pourquoi mentez vous?

JUSTINE.

Moi, monsieur ?

VERNOIS.

Vous ne rapportez pas de lettres, dites-vous, et vous en avez une là. (*Il montre la poche du tablier qui, restée ouverte, laisse voir la lettre.*)

JUSTINE, *vivement.*

C'est pour madame, monsieur.

VERNOIS.

Eh bien! madame vous a-t-elle donné l'ordre de me cacher les lettres qu'on lui adresse?

JUSTINE.

Oh! non... non, monsieur. (*A part.*) Mais celle-ci... (*On entend sonner.*)

VERNOIS.

Madame Morin vous sonne... Ma femme est avec madame Beaupré, elle viendra me retrouver ici... Mettez là cette lettre... madame la prendra tout à l'heure.

JUSTINE, *à part.*

Que faire ?

VERNOIS.

Vous m'avez entendu ?

JUSTINE.

Oui, monsieur. (A part, allant poser la lettre sur le guéridon de gauche.) Il ne la regardera peut-être pas. (On sonne encore.) Enfin... j'ai voulu bien faire. (Elle sort par la porte de droite.)

SCÈNE IX.

VERNOIS, seul.

J'ai eu tort d'exiger que Justine laissât là cette lettre... Je ne peux pas faire à Juliette l'injure d'un soupçon, je veux moi-même... (Il va prendre la lettre.) Pourquoi Justine me cachait-elle cette lettre ?... pourquoi a-t-elle tant hésité à la laisser là ?... (Il prend la lettre.) Elle est de madame Maubert, sans doute, et vient de Paris. (Il s'arrête.) Non, elle est couverte de timbres et vient de l'étranger... C'est pour moi, alors... Non, madame Vernois... Louisiane... de la Louisiane !... Oui, ce billet est de M. Givré... Justine aussi le savait, et voilà pourquoi elle était si troublée, voilà pourquoi elle mentait... Evidemment elle en a déjà remis de semblables à Juliette... Ils s'écrivent... en secret... car Justine avait ordre de ne remettre qu'à sa maitresse les lettres venant de la Louisiane... Oh ! il a tenu parole... il s'est exilé... mais il l'aime toujours... Juliette est calme, résignée, mais elle l'aime toujours... Allons, je me trompais, et j'ai trop attendu.

SCÈNE X.

VERNOIS, BEAUPRÉ, CHASSEURS, INVITÉS.

BEAUPRÉ, en costume de chasse, portant deux fusils, et suivi des chasseurs invités.

Par ici, messieurs, par ici ! (A Vernois.) Cher ami, me voilà en tenue de Nemrod.

LES CHASSEURS.

Bonjour, monsieur Vernois.

VERNOIS, se remettant.

Serviteur, messieurs.

BEAUPRÉ.

Je vous apporte votre fusil. (Le mettant sur le canapé de droite.)

VERNOIS.

Merci.

BEAUPRÉ, s'essuyant le front.

Ah ! la journée sera chaude !

VERNOIS, riant.

Pour le gibier, n'est-ce pas ?

BEAUPRÉ.

Et pour les chasseurs... Il fait un soleil... Heureusement que nous chasserons sous bois. (Voyant l'émotion mal contenue de Vernois.) Qu'est-ce que vous avez donc?

VERNOIS. *

Moi ? Rien. Le sang à la tête, voilà tout. J'ai fait tantôt une promenade à cheval dans la plaine.

BEAUPRÉ.

Si vous vous sentez fatigué, nous pourrions remettre la partie à demain.

LES CHASSEURS.

Sans doute.

VERNOIS.

Remettre un plaisir... Jamais... Qu'attendez-vous ?

BEAUPRÉ.

Le petit Morin... Il habille sa femme, et nous ne pouvons partir sans lui.

VERNOIS.

Attendre, c'est fâcheux... Nous devons rentrer de bonne heure, je l'ai promis à Juliette... Nous danserons ce soir, messieurs... Oui mon cher Beaupré, moi qui n'ai pas dansé à votre noce, je danserai, et vous me ferez vis-à-vis, n'est-ce pas ?

BEAUPRÉ.

Tenez, Vernois, ça me fait plaisir de vous voir comme ça... Vous méritez si bien d'être heureux !

* Beaupré, Vernois.

VERNOIS. *

Ah! je dois convenir que je suis né sous une bonne étoile... Je suis riche et assez jeune pour jouir longtemps de ma fortune; ma femme est un ange. (Regardant la lettre qui est sur la table, près de lui.) Je l'adore et elle m'aime... Aussi, par moments... c'est ridicule ce que je vais vous avouer là... par moments mon bonheur m'effraye.

BEAUPRÉ.

Bah!

VERNOIS.

Oui... ce bonheur... Dieu n'y peut rien ajouter, et il peut me le reprendre. Je n'ai jamais craint la mort... eh bien! je dois l'avouer, maintenant, j'en aurais peur.

BEAUPRÉ.

Quelle idée!

VERNOIS.

Ah! monsieur Morin tarde trop. Partons, messieurs. (Il veut prendre son fusil et tombe sur le canapé.)

BEAUPRÉ, allant à lui avec les invités.

Prenez garde! vous venez de chanceler.

VERNOIS.

Tiens, c'est vrai... un éblouissement... Il y a de l'orage dans l'air.

BEAUPRÉ.

De l'orage... Le ciel est d'une pureté...

VERNOIS.

Oh! je le sens... il vient... il approche... Tant mieux... C'est si beau, l'orage!... l'éclair qui brille... le tonnerre qui gronde et qui éclate... Et là-bas, dans la rade, ce navire en détresse... il chasse sur ses ancres... il va se briser si on ne court pas à son aide... Eh bien! personne ne bouge... Restez donc!... A moi les canotiers du Vésuve! A la mer! à la mer! (Se débarrassant violemment des bras de Beaupré, il sort en courant par le fond. Les chasseurs le suivent pour essayer de le retenir.)

BEAUPRÉ.

Ne le quittez pas, messieurs... ne le quittez pas... Il arriverait un malheur.

* Vernois, Beaupré.

MORIN, entrant de droite.

Ma femme est habillée... et me voilà.

BEAUPRÉ.

Vous arrivez bien... Courez, demandez, amenez un médecin tout de suite.

MORIN.

Un médecin! pour qui?

BEAUPRÉ.

Pour Vernois, qui vient d'être pris d'un accès de fièvre chaude. Moi, je cours prévenir sa femme, sa pauvre femme! Quel malheur! une journée qui commençait si bien! (Morin sort par le fond, Beaupré par la droite; presque au même instant Vernois rentre par une petite porte à gauche, au premier plan, qu'il referme vivement. Il est tout haletant.)

SCÈNE XI.

VERNOIS, puis JULIETTE.

VERNOIS, seul.

J'ai su leur échapper... Ils me croient fou maintenant!... (Il ferme toutes les portes et les rideaux. Après un temps.) Et un fou peut se tuer. (Regardant le fusil.) Cette arme... une minute et Juliette est libre. Ah! cette lettre! il ne faut pas qu'on la retrouve... Oh! je peux la lire, à présent... J'aurai si peu de temps à m'en souvenir... (Lisant.) Marié! il est marié!... Ah! c'est impossible, je deviens fou... je deviens fou! Non, ma raison ne m'abandonne pas. (Relisant.) Non, j'avais bien lu... j'avais bien lu!...

JULIETTE, à la cantonade.

Je veux voir mon mari! (Paraissant vivement, à droite.) Je veux le voir, vous dis-je.

VERNOIS.

Juliette!

JULIETTE, de la droite.

Quel désordre! (Courant à lui.) C'était dont vrai... mon ami... mon ami... Vous souffrez, on me l'a dit et j'accours... Pourquoi me regardez-vous ainsi?... Pourquoi ne me parlez-vous pas?

VERNOIS, dont la voix est éteinte par l'émotion.

Juliette... monsieur de Givré.

JULIETTE.

Mon ami, pourquoi prononcer ce nom?

VERNOIS.

Oh! vous ne me croiriez pas, vous ne pourriez pas me croire... mais tenez... lisez...

JULIETTE, prenant la lettre.

De la Louisiane.

VERNOIS, revenant à lui.

Qu'ai-je fait?... Je vais la tuer, peut-être!

JULIETTE, avec calme, lisant.

« Madame de Givré a l'honneur de vous faire part du ma-
» riage de son fils, M. Gaston de Givré, avec mademoiselle
» d'Hadémar, de la Louisiane. »

VERNOIS, qui ne la quitte pas des yeux.

Juliette...

JULIETTE.

Que Dieu leur donne le bonheur.

VERNOIS,* lui prenant la main.

Son visage n'a pas tressailli... Sa main n'a pas tremblé. Tu ne l'aimes donc plus, Juliette?

JULIETTE.

Oh! Dieu avait eu pitié de moi... Il m'avait donné le repos de l'âme, l'oubli du passé, l'espoir dans l'avenir!

VERNOIS.

Tu ne l'aimes plus... Tu pourrais donc m'aimer!... Ah! mais, je veux vivre, alors.

JULIETTE.

Vous vouliez mourir?

VERNOIS.

Pardonne-moi, j'étais désespéré... Cette lettre, que je n'avais pas voulu ouvrir, cette lettre de lui, c'était le passé qui se redressait devant moi. Ils s'aiment toujours, me disais-je... Alors j'ai voulu te faire libre. (Juliette tombe à genoux sans rien dire.) Que fais-tu?

JULIETTE.

Je remercie Dieu qui m'a gardé un cœur digne du vôtre

* Juliette, Vernois.

Je lui demandais de me conserver toujours honnête femme il a fait plus, il me fait heureuse.

VERNOIS, la serrant dans ses bras.

Ma Juliette !... Heureuse !

JULIETTE.

Oui, et par toi! (Ici les portes s'entr'ouvrent au fond, à droite et à gauche. Les Beaupré à droite; les Morin à gauche. Madame de Milly au fond.)

BEAUPRÉ, à part.

Il est plus calme.

VERNOIS.

Entrez, entrez, mes amis... Oh! ne craignez rien de moi, ma folie n'est pas dangereuse. (Prenant les mains de sa femme.) Je suis fou de bonheur!

FIN.

Paris. — Typ. Morris et Comp., rue Amelot, 64.

Paris. — Typ. Morris et Comp., rue Amelot, 64.

www.ingramcontent.com/pod-product-compliance
Ingram Content Group UK Ltd.
Pitfield, Milton Keynes, MK11 3LW, UK
UKHW021108260726
13994UKWH00002B/779

9 782329 255705